SERAPHINA KALZE

DAS LEBEN IST ZU *kurz* FÜR EIN *langes* GESICHT

Mein Vater und ich auf der Suche nach dem Glück

HOFFMANN UND CAMPE

Die Rechte für die im Buch zitierten Songs »Du gibst mir Kraft«, »Mehr davon«, »Im Sommer stirbt man nicht« und »Jetzt Fetzt!« liegen bei der Autorin.

Die Links im Buch führen auf Websites Dritter, für deren Inhalte wir keine Haftung übernehmen, da wir uns diese nicht zu eigen machen, sondern lediglich auf deren Stand zum Zeitpunkt der Erstveröffentlichung verweisen.

MIX
Papier | Fördert gute Waldnutzung
FSC® C014496
FSC www.fsc.org

1. Auflage 2024

Hoffmann und Campe Verlag, Hamburg
www.hoffmann-und-campe.de
Umschlaggestaltung: © FAVORITBÜRO, München
Umschlagabbildung: © Claudia Kern
Fotos Innenklappe: © Seraphina Kalze
Satz: Pinkuin Satz und Datentechnik, Berlin
Gesetzt aus der Meridien
Druck und Bindung: GGP Media GmbH, Pößneck
Printed in Germany
ISBN 978-3-455-01825-7

HOFFMANN UND CAMPE

Ein Unternehmen der
GANSKE VERLAGSGRUPPE

FÜR PAPA

IHR LIEBEN,

am Ende des Buches warten spezielle QR-Codes
auf euch! Sie führen direkt zu meiner Musik.
Die Songs wurden zum Teil extra für dieses Buch
geschrieben und produziert. Lasst euch überraschen!
Viel Spaß beim Anhören!

Seraphina

INHALT

I

DER ANRUF

»Was sollte Helene Fischer nicht auf der Intensivstation singen?«
»Atemlos«

Ihr Vater hatte während der Operation einen schweren Schlaganfall erlitten. Es tut mir wirklich sehr leid. Können sie herkommen?«

Wenn man Witze kategorisieren wollte, dann gehörte dieser hier in die Rubrik: disqualifiziert. Es war nämlich keiner. Was am Morgen als harmlose Bypass-Operation am Herzen meines Vaters begann, endete in einem schweren Schlaganfall und in einem künstlichen Koma, in das er versetzt wurde, damit er – hoffentlich – irgendwann überhaupt wieder aufwachte.

Nachdem ich aufgelegt hatte, hörte ich förmlich, wie etwas in mir zerbrach. Mein Schutzschild, auf das ich mich sonst so gut verlassen konnte, lag zerschmettert in zig Einzelteilen auf dem Gehweg verstreut. Der Straßenlärm hämmerte in meinen Ohren. Mir war schwindelig.

Meine Füße konnten keinen Schritt machen, und doch bewegte sich alles um mich herum. Ich wollte mich verstecken, aber da war nichts. Keine Zuflucht. Dann wurde alles schwarz, und ich brach mitten in der Hamburger City, genauer gesagt in der Rathausstraße, Ecke Pelzerstraße, gleich beim TUI Reisecenter, zusammen.

Ich weiß nicht mehr genau, wie ich kurz danach in das Auto meines Mannes stieg, um es knapp vier Stunden später vor dem Krankenhauseingang des Klinikums in Halle wieder zu verlassen. Aber nur wenige Stunden nach dem denkwürdigen Anruf des Arztes, einer freundlichen Passantin, die mich für irre gehalten haben musste, weil ich ständig nach meinem Papa gefragt und was von Koma gefaselt hatte, und ein paar Traubenzucker später war ich bereits bei meinem Vater angekommen. Meinem Vater, von dem ich grad gar nicht wusste, wer er eigentlich war.

Ich lief direkt zur »Stroke Unit« der Intensivstation, der speziellen Klinikabteilung für Schlaganfallpatienten. Ich klingelte und wurde in einen Vorraum gelassen, eine Art Schleuse. Hier standen Tische, Stühle, eine Couch, ein paar Zeitschriften lagen herum; es gab ein Fenster mit Blick auf einen weiteren Krankenhauskomplex. Zu diesem Zeitpunkt wusste ich noch nicht, dass dieses kleine Zimmer mein neuer Aufenthaltsraum für die nächsten Wochen werden würde. Hier lernte ich auch die wahre Bedeutung des Wortes »Warte-Zimmer« kennen. Denn nie zuvor habe ich je so viel Zeit mit Warten, Hoffen und Bangen verbracht wie auf diesen zwölf Quadratmetern.

Vor der Operation war mein Papa ein starker Mann gewesen, groß und ganz gut in Shape. Klar, kleine Wampe, aber nichts, wo man dachte, der Typ klappt gleich ab. Er war humorvoll. Sehr. Konnte keiner Fliege was zuleide tun. Er hatte Sinn für Poesie und liebte Musik (im jungen Erwachsenenleben war er selbst Sänger und Gitarrist gewesen). Er konnte supercharmant sein, war mehr als hilfsbereit und vor allem war er das: der beste Vater der Welt. Kurzum, er war ein vitaler, kräftiger Mensch, der sich nach dem Tod seiner Frau wieder aufgerappelt hatte.

Und dann das …

Meine Mutter war 2012 plötzlich und unerwartet gestorben. Vielleicht erklärt das auch, warum mir in dieser Situation so gar kein lockerer Spruch mehr über die Lippen kommen wollte. Wenn das Leben so richtig todernst wird, kann man auch keine Tränen mehr lachen. Ich hatte jedenfalls eine Scheißangst, ihn nun auch noch zu verlieren.

Irgendwann durfte ich dann doch in das Zimmer meines Vaters. Er lag in einem Bett, das umzingelt war von Geräten, die blinkten und piepsten und unangenehme Geräusche machten. Um ihn herum wuselten hektisch mehrere Menschen. Mein Vater bewegte sich währenddessen unkontrolliert und ruckartig. Es schien so, als wollte er aufstehen oder sich aufrichten, aber er konnte nicht. Die Bewegungen liefen irgendwie ins Leere.

»Er kämpft um sein Leben«, dachte ich, und Tränen schossen mir in die Augen. Ich blieb stehen. Ich konnte nicht an sein Bett herantreten. Ich verstand nicht, was da geschah, was mit ihm geschah, und es wirkte auf mich, als würde er es auch nicht verstehen.

Es waren nur Sekunden, die vergingen, bis ich doch zu ihm ging, seine Hände nahm, mich direkt über ihn beugte und sagte: »Papa. Ich bin da!«

Er blickte in meine Augen und atmete laut und hörbar erleichtert aus. Er umklammerte meine Hände, zog mich zu sich, bewegte den Kopf in meine Richtung, als wollte er mir etwas sagen, aber es kam nichts. Ich hatte das Gefühl, seine Augen fragten: »Was ist los?, Was ist passiert?«

In seinem Blick spürte ich so viel Angst und Verzweiflung. Ich habe mal gehört, dass es im Kopf von Schlaganfallpatienten nach dem Infarkt im Gehirn furchtbar laut ist, mit vielen Blitzen und bunten leuchtenden Kreisen. Als steckte man den Kopf zwischen zwei riesige Orchesterbecken, die über einem zusammengeschlagen werden.

Meine Tränen schluckte ich hinunter. Mir war klar, ich musste jetzt stark sein, musste ihm Sicherheit vermitteln, dieser eine Strohhalm, an den er sich klammern konnte. Und ich sag's euch, das war ich dann auch. Ich war stark wie zehn Riesen, hielt ihn fest in meinen Armen, versuchte ihn zu beruhigen und war zum ersten Mal in meinem Leben, mit einunddreißig Jahren, stärker als mein Papa.

Was war nun eigentlich passiert? So eine Bypass-Operation dauert in der Regel drei bis sechs Stunden. Natürlich immer abhängig vom Gesundheitszustand des Patienten, der Schwere des Eingriffs bis hin zu eventuellen Komplikationen, die auftreten können. Wenn sie denn auffallen! Der Schlaganfall meines Vaters fiel aber nicht auf, und so brachte man ihn, nachdem die neuen Leitungen verlegt und der Brustkorb wieder zugenäht worden war, auf die Intensivstation zur Überwachung. Die Geräte blinkten, wie sie sollten, und normalerweise wachte man irgendwann halbwegs klar wieder auf. Mein Papa jedoch nicht. Wenn man so wollte, hatte er seinen Schlaganfall verschlafen. Und von außen deutete erst mal nichts darauf hin. Dadurch hatte der Infarkt viel Zeit, sich in seinem Gehirn auszubreiten und so ziemlich alles anzugreifen, was man zum Leben braucht: Koordination der Muskeln, Bewegung, das Gleichgewicht, motorische Kontrolle, Sprechen, Schlucken, Aufmerksamkeit, Steuerung der Augenbewegung, aufrechter Gang und einiges mehr.

Ist ein aktives gesundes Gehirn auf dem CT-Monitor weiß, so war das meines Vaters fast überall schwarz. »Geistige Umnachtung« ist ein zu schöner Ausdruck für diese totale zerebrale Sonnenfinsternis. Er war, auf Deutsch gesagt, am Arsch!

Zeig mir mal dein Taschentuch!

»Was ist der Unterschied zwischen einer alten Uhr und einem Camper?«
»Der Camper bleibt öfter stehen.«

Mein Vater lag nun im künstlichen Koma. Angeschlossen an all den Geräten, die bei der kleinsten Unregelmäßigkeit Alarm machten. Ich legte meinen Job beim MDR aufs Eis und war nur für ihn da. Jeden Tag ging ich ins Krankenhaus und blieb, so lange es ging, bei ihm an seiner Seite. Ich erzählte und feixte und hatte dabei ein Lieblingsthema: die Zukunft.

Ehrlich gesagt, in dem Moment sah sie einfach scheiße aus, aber ich malte sie in den buntesten Farben. Unser seit Ewigkeiten geplanter Besuch eines Rolling-Stones-Konzertes stand ganz weit oben auf der Liste der zu erledigenden Dinge, dicht gefolgt von all den Abenteuern und Reisen, die wir noch mit dem Camper machen wollten. Während ich an seinem Bett wachte und dafür sorgte, dass er mir nicht gänzlich einschlief, erinnerte ich mich an unsere ersten gemeinsamen Trips.

Zu dem allerersten musste ich ihn 2014 fast hintragen wie ein Nilpferd zum Ballettunterricht. Unser Leben hatte sich durch den plötzlichen Tod meiner Mama zwei Jahre zuvor komplett verändert. Mein Vater war eher derjenige, der sich verkrümelte und der Meinung war, dass es sich nicht lohnte, noch mal etwas Neues auszuprobieren. Ich hielt das für Unfug. Das Leben ist zu kurz für ein langes Gesicht, dachte ich. Und sagte ihm das auch.

Also ließ er sich erweichen, und ab gings hoch in den Norden, in die schottischen Highlands. Wir bretterten im Linksverkehr mit einem alten Camper über die Straßen, saßen abends am Lagerfeuer und rieten Sternenbilder. Das half schon.

Weil das so gut geklappt hatte, lieh ich mir ein Jahr später das Wohnmobil von einem Bekannten und fuhr los Richtung Baltikum. Als ich meinen Papa in Halle abholte und sah, was er alles mitschleppen wollte, sprach ich ein kleines Machtwort. Unsere Reise durch Schottland hatte, bedingt durch den Flug, ein klares Gepäcklimit, aber wenn du direkt von der Haustür aus losfährst, verleitet das schon dazu, erst mal alles einzupacken.

Mein Papa wollte für jedes Problem gewappnet sein. Entsprechend musste für den Baltikum-Trip unbedingt sein Jagdmesser, der Weltempfänger und ein Kompass mitgenommen werden! Wofür? Wir können in den Supermarkt an die Fleischtheke, wir haben ein Navi, und das Radio läuft auch super. Aber er ließ sich nicht davon abbringen, und ich muss ehrlich sagen, das Fahren mit Karte und Kompass, ohne Navi, das Holzschnitzen abends am Feuer und das Knacken des Weltempfängers im Norden Estlands, das hat, wenn man es erlebt, seine ganz eigene Magie.

Diese Reisen, diese Abenteuer, diese Roadmovies, die wir drehten, die Tränen, die wir zusammen weinten, weil uns Mama fehlte, und das laute Lachen, als wir später die Fotos anschauten und bemerkten, dass er jeden Tag immer dasselbe Shirt anhatte – das hat uns zusammengeschweißt, uns Kraft und Energie für eine neue Zukunft gegeben.

Und genau so würde ich es jetzt wieder machen, dachte ich, während ich an seinem von Maschinen eingerahmten Bett saß und seine Hand hielt.

Ich habe auf diesen Reisen begriffen, dass ich nur eine begrenzte Zeit auf dieser Erdkugel habe und dass es so vieles zu sehen und zu entdecken gibt. Dass Freiheit ein Gefühl ist, das unglaublich beflügelt und eine Kreativität freisetzt, von der ich vorher nichts ahnte.

Ich hatte meinen Vater ins kalte Wasser geworfen, als ich ihn dazu nötigte, sich auf planlose Abenteuer und unbekannte Ziele einzulassen – Ausgang ungewiss! Mein Vater ist in der ehemaligen DDR geboren, aufgewachsen und erwachsen geworden. Er war sechzig Jahre alt und frisch verwitwet. Wie sehr wärt ihr da bereit, ins kalte Wasser zu springen?

Aber wir haben es gemacht. Und als mein Vater dann auch noch anfing, darüber nachzudenken, den Jakobsweg zu gehen, bewies mir das, dass meine erste Therapie anschlug und mein Papa doch noch Lust hatte, vom Kuchen des Lebens ein Stück abzubeißen.

Bei mir war das ja nicht anders. Durch ihn fand auch ich meinen Glauben zurück, dass Verlust und Schmerz eines Tages erträglicher sein werden, dass auch Gutes wieder seinen Platz haben wird. Denn die Zeit vergeht nicht nur, sie nimmt uns mit jedem Ticken der Zeiger auch mit in Richtung »vorwärts«.

Wir knüpften uns also auf diese Weise und durch diese intensiven Momente ein Tau, das zwischen uns gespannt war und das ich im nun tosenden Ozean, in dem mein Papa gerade unterzugehen drohte, um keinen Preis loslassen wollte. Denn unser stilles Versprechen nach unseren Abenteuern lautete: Egal wie hoch die Wellen schlagen, ich halte dich fest!

Na ja, und nun lag er da. Ein paar Monate später. Bewegungslos. Augen geschlossen. An einer Maschine, die für ihn atmete.

Ich sagte oft: »Komm, du musst kämpfen, wir haben doch noch so viel vor!« Oder: »Ich kann noch nicht ohne euch *beide* leben. Bitte bleib du noch hier!«

Ich habe keine Ahnung, ob das gut war, oder ob es meinen Vater eher unter Druck setzte. Glaubt nicht, dass Menschen im Koma nichts mitbekommen. Die Herzfrequenz meines Vaters passte sich oft meiner Stimmung an. Saß ich verloren und mutlos an seinem Bett und hielt seine Hände umschlossen, rollten Tränen aus seinen Augen, und sein Herz schlug schneller.

So verging der März, und der April begann wieder mit einem wichtigen Anruf. Ich saß wie so oft kerzengerade am Krankenbett, als mein Handy leise vibrierte. Auf dem Display erkannte ich die Nummer von Daniel. Daniel war zu dieser Zeit mein Manager und immer über alles informiert. Er würde mich nur stören, wenn es wirklich wichtig war. Also ging ich ran. Daniel klang ungewöhnlich verhalten. Normalerweise plauderte der Kölner mit einem beherzten »Kalzi« drauf los, dieses Mal aber nicht.

»Pass auf, ich habe eine gute und eine schlechte Nachricht!« Irgendwie hatte ich Schiss, denn die letzten Wochen waren voller Nachrichten, und egal ob schlecht oder gut, allein der Umstand, dass es eine Nachricht war, die übermittelt werden musste und beim Adressaten, also mir, für Verspannung sorgte, stresste mich. Machte mir irgendwie Angst.

»Kabel Eins möchte dich als Moderatorin haben! Die schlechte Nachricht ist, es geht schon nächste Woche los!«

Wäre ich in Hamburg gewesen, so Ecke Rathausstraße, Pelzerstraße, wäre ich jetzt vielleicht wieder zusammengebrochen. Aber diesmal war das kein Schock wegen Schock, sondern ein Schock wegen Freude. Kabel.Eins. Wollte.Mich.Haben. Als Moderatorin? Ich konnte mein Glück kaum fassen, aber ich fühlte rasch auch die angezogene Handbremse. Eine neue Herausforderung gerade *jetzt*? In mir machte sich Panik breit. Wie sollte ich das wuppen, wenn ich anderweitig gebraucht wurde.

Ohne mir große Hoffnungen zu machen, hatte ich mich da vor einer Weile beworben. Es war schon lange mein Traum gewesen, eine »echte« TV-Moderatorin zu werden, also in einem richtigen Studio zu stehen. Nach dem Casting dachte ich, dass sie eine der hübschen, großen Langbeinigen mit dem dezenten Lächeln, diesem: »Sie wissen nicht, wer ich bin, ach! Ihr Pech!«-Lächeln nehmen würden. Aber meine Moderation über Erkältungskrankheiten hatte die Verantwortlichen wohl überzeugt. Also ausgerechnet die, die ich mit meinem Vater zusammen vor dem Casting – und kurz vor seiner OP – geschrieben und geübt hatte.

> »So liebe Zuschauer, schauen Sie mal, das hier – ich griff in meine Hosentasche und zog ein Taschentuch raus – hab ich wirklich stets dabei! Denn kurz bevor ich früher immer mit meinen Freunden losgezogen bin, sagte mein Papa an der Tür: ›Zeig mir mal dein Taschentuch!‹ Ich dann immer so ›Hab ich nicht!‹ Er: ›Wie machst 'n das dann?‹ Und wissen Sie, in diesem Moment zog ich dann immer ganz provokativ die Nase vor ihm hoch! Urrgh, merken Sie selber, ne?!«

Das war also meine Nummer. Vor der Kamera mal schön die Nase hochziehen. Und die zog! Aber wie!

Was will mich das Leben damit lehren? Wisst ihr, dieser Moment, also der Abend nach der Zusage, der hat mein Leben ein Stück weit verändert. Ich glaube nicht an Gott als »Person«. Aber ich glaube! Und zwar an das Leben selbst. Es passiert. Ständig und andauernd. Die Welt steht nicht still, sie dreht sich weiter. In guten und in schlechten Zeiten. Wir können sagen, dass wir dem Leben »ausgeliefert« sind, aber mir ist das zu negativ. »Alles kommt, wie es kommt« oder »… wie es kommen muss.« Ist mir zu banal. An Schicksal glaube ich ein bisschen, aber nicht komplett. Karma ist ein großes Wort. Mir gefällt der Gedanke nicht, mit Absicht gute Dinge zu tun, um Gutes zurückzubekommen. Ich habe viele Menschen erlebt, die so weniger aus dem Herzen handeln, sondern eher aus der Intention heraus, Anerkennung für ihr Handeln zu bekommen.

Ich sage für mich: Ich vertraue auf das Gute! Aber sind wir mal ehrlich, wenn man sich umschaut, ist es momentan nicht einfach, viel Gutes zu entdecken. Bei all den Krisen, bei all den Kriegen, bei all dem politischen Chaos, ist die Welt ein ziemlich unüberschaubarer Ort. Aber ich glaube an meine eigene Welt! Die, die in mir ist! Und die auch ziemlich groß ist. Ich kenne sie heute mit vierzig in- und auswendig. Und ich meine auch schon vor zehn Jahren die Regeln, nach denen ich *mit mir* gut leben kann, erkannt zu haben. Und ist es nicht so, dass, wenn man gut in seiner eigenen Welt lebt, das nach außen auch ausstrahlt?

Ich vertraue darauf, dass Dinge sich fügen. Ich glaube an die eigene Stärke in uns selbst. Ich glaube daran, dass, wenn ich will, ich alles schaffen kann!

Ich muss es also »wollen«, den Job zu wollen. Crazy! Ich weiß, das klingt verrückt. Ich musste mich überlisten!

Also dachte ich nach. Das Schlachtfeld vor mir, es war fürchterlich. Ich brauchte Kraft! Die tanke ich normalerweise aus Dingen, die mir Spaß machen. Leute zu unterhalten war nie mein *Job*, es war immer meine Berufung. Diese Arbeit bei *Kabel Eins* würde mir Kraft geben für meinen Papa und ganz nebenbei auch mein Ego streicheln. Ein Schritt auf der Karriereleiter. Aber vor allem: mein Rettungsring, der mich über Wasser halten, mir einen klaren Kopf für mein Leben und das meines Vaters verschaffen würde.

Für die TV-Moderation müsste ich für eineinhalb Tage in der Woche nach München und hätte so kurz Pause vom Krankenhausalltag. Ich müsste nicht unbedingt witzig sein, dazu fehlte mir in dieser Zeit auch die Spontaneität und das Glücklichsein. Ich müsste eigentlich »nur« Magazinbeiträge anmoderieren, die nicht davon leben, dass ich unterhaltsam bin, sondern lediglich darüber informieren, dass es gesünder ist, den Rotz *nicht* hochzuziehen.

Das klang doch machbar, oder?

2

DIE HALBSCHWESTER

»Als was arbeiten Sie?«

»Zauberkünstler!«

»Ah, und was machen Sie da?«

»Körper zersägen.«

»Haben Sie auch Geschwister?«

»Ja, zwei Halbschwestern.«

2016 auf der Intensivstation Halle / Saale. Die Atmung meines Vaters versagte. Der Schlaganfall breitete sich so sehr aus, er hatte schlichtweg vergessen, wie man das macht. Deswegen hat man ihn auch ins künstliche Koma versetzt. Damit eine Maschine das Atmen nun für ihn übernahm.

Da es gerade bei Schlaganfallpatienten wichtig ist, die Rübe am Laufen zu halten, bespielte ich ihm einen kleinen iPod mit seinen Lieblingssongs. Sterncombo Meißen, Gruppe Renft, die Rolling Stones. Es gab ein Lied von Silly, aus der Zeit mit Tamara Danz, das ihn immer, auch wenn er nicht wollte, zu Tränen rührte. Selbst im

Koma. Das zu spüren, hat mir echt die Schuhe ausgezogen.

»Vertraute Geräusche«, dachte ich, würden ihm auch guttun. Grund genug für mich, weiter den iPod vollzusabbeln. Ich nahm mich beim Abwaschen in seiner Küche auf, sprach mit ihm, als stünde er neben mir. Ich röhrte in seinem alten Mercedes durch die Gegend und nahm den Sound auf, inklusive Autoradio und Motorgrollen. Lampen an im Kopf! Teilnehmen am Alltag, wenn es auch der meine ist. Ich glaubte und glaube heute noch an Bilder, die dadurch im Kopf entstehen und wie sehr sie uns lebendig halten.

Es ist überaus wichtig, während des Komas auch die motorischen Fähigkeiten am Leben zu erhalten. Klingt wie ein Widerspruch, regungslos im Bett die Laufmuskeln trainieren? Ganz und gar nicht. Alles, was wir aktiv tun, beginnt im Kopf. Mein Papa war halbseitig gelähmt und hatte die Kontrolle, das Gefühl für seine rechte Körperhälfte verloren. Die Synapsen mussten neu verknüpft werden. Der alte Weg war zerstört, und ein neuer musste her. Wir wollen zu unserer Lieblingskneipe, doch die Straße ist gesperrt? Na ja, dann suchen wir halt einen anderen Weg. Und den gehen wir dann immer und immer wieder, bis wir über die eigentliche Straßensperrung gar nicht mehr nachdenken, sondern der neu gelernte Pfad ins »Café Nöö« der richtige ist.

Um beweglich zu bleiben und neurologisch in Sachen Motorik nicht noch mehr abzubauen, gibt es im Krankenhaus Physiotherapie. Auch auf der Intensivstation. Auch für Komapatienten! Drei Mal die Woche zehn

Minuten. Das sind dreißig Minuten Mobilisation die Woche.

Im ersten Moment war mir das viel zu wenig! Ich wollte natürlich das Beste für meinen Papa, und davon möglichst viel. Ich wünschte mir eine individuelle Therapie, basierend auf den Bedürfnissen und der Belastbarkeit meines Vaters, ohne Blick auf die Kosten. Aber »Wünsch dir was« gibt's im Krankenhaus maximal auf dem Speiseplan. Und da hat mir persönlich das Ergebnis auch noch nie geschmeckt!

Wie nennt man das Haus der Ungeduld?
Wartehäuschen

Der Zustand meines Vaters im Koma war anfangs sehr kritisch. Immer wieder verschlechterten sich seine Vitalwerte. Manchmal ohne erkennbaren Grund massiv. Das passierte ohne Ankündigung. So wie an jenem bis dahin gänzlich unaufgeregten Tag. Wie schon in den letzten zwei Wochen wachte ich neben seinem Bett, als die Geräte Alarm schlugen. Ich konnte erkennen, wie sein Herzrhythmus verrücktspielte, sein Puls schwächer wurde und die hässliche rote Linie auftauchte. Sofort rannten Ärzte und Pflegepersonal in sein Zimmer, leiteten eine Reanimation ein und begleiteten mich behutsam in den Aufenthaltsraum, diese »Schleuse« des Wartens,

Hoffens und Bangens, von der ich euch erzählt habe. Alles ging furchtbar schnell: Es war, als ob ich wie eingefroren in einem Raum stand und alle anderen im Zeitraffer um mich herumrasten. Ich war wie in Schockstarre, Angst stieg auf, und ich hatte das Gefühl, mein Papa würde über mir vor meinen Augen schweben, außerhalb seines Körpers.

Glaubt mir, ich weiß selbst, wie irre das klingt! Diese große Uhr im Raum, mit dem lauten Knacken der Zeiger, sie verstummte für mich. Ich fühlte mich verloren. Ich spürte, jetzt ist es so weit. Ich verliere ihn. Gleichzeitig presste ich ein Stoßgebet nach dem anderen zu wem auch immer hervor und flehte, dass das Schlimmste nicht eintreffen möge, als plötzlich die hintere Tür zur Schleuse aufging. Eine Frau stand vor mir. Ich wusste, ich kannte sie, obwohl mir ihr Name nicht direkt einfiel.

»Seraphina! Was machst du denn hier?«, fragte sie mich.

»Ich glaube, mein Papa stirbt gerade.« Sie nahm mich sofort in den Arm, ich weinte, und sie hielt mich fest. Welches Wort gibt man einem Menschen, der plötzlich in der schlimmsten Minute da ist und einen festhält? Ich finde, Engel trifft es. Sie, mein Engel Luise-Karen also, hat mich gehalten bis zu dem Moment, als die Tür zur Intensivstation wieder aufschwang und eine der Ärztinnen mich hereinbat.

Sofort scannte ich das Gesicht der Ärztin. War es traurig und würde sie mir eine schlimme Nachricht überbringen? Nein. Es strahlte zu einhundert Prozent Erleichterung aus.

»Wir haben Ihren Vater wieder. Sie dürfen jetzt noch einmal kurz zu ihm.«

Luise-Karen nickte mir mit einem Lächeln zu. Ich wischte mir die Tränen aus dem Gesicht und lief sofort zum Bett meines Vaters, gab ihm einen Kuss auf die Stirn und bedankte mich bei ihm. Fürs Kämpfen. Dafür, dass er mich nicht allein ließ. Ich war so erleichtert und froh, dass wir beide dem Tod wieder einmal entkommen waren. Später, als ich meine Sachen nahm und die Intensivstation verließ, wartete Luise-Karen immer noch in der Schleuse.

Meine Stimme war nicht mehr tränenerstickt, und ich konnte endlich reden. Wir kannten uns vom Sehen, eher flüchtig. Jetzt hörte sie mir zu und erzählte mir, dass auch ihr Papa einen Schlaganfall hatte und sie ihn persönlich wieder aufpäppelte. Sie sprach davon, dass, auch wenn alles verloren schien, viele Chancen im Verborgenen lägen. Man müsste zum Beispiel nur rechtzeitig mit der Mobilisierung beginnen.

Da war es wieder. Das Problem mit den zehn Minuten drei Mal die Woche. Es gab einfach zu wenig Kontingente für Physiotherapie. Bei Luise-Karens Vater war das nicht das Problem, denn Luise-Karen selbst *war* Physiotherapeutin, und zwar so eine, die ihrem Vater so richtig aufs Schwein gegangen ist mit ihren Therapien. Ich empfand das wie einen Sechser mit Zusatzzahl im Schlaganfall-Patienten-Lotto.

Und jetzt kommt der Euro-Jackpot!

»Ich habe mir was überlegt, Seraphina! Wie wäre es, wenn ich deinen Vater zusätzlich zu der Krankenhausphysio therapiere?«

Ein Satz wie in Stein gemeißelt. Von Luise-Karen.

Ich habe nicht gleich verstanden, was sie damit meinte, also erzählte sie mir von ihrer eigenen Praxis – und dass sie auch hier im Krankenhaus schon auf der Intensivstation als Physio- und Ergotherapeutin gearbeitet habe. »Das Problem wird sein, dass wir eine zusätzliche Therapie offiziell nicht genehmigt bekommen«, fuhr sie fort. »Und dass meinen Vater neben dem behandelnden Therapeuten nur die engsten Verwandten besuchen dürfen«, vervollständigte ich.

Wir schauten uns an, lachten und hatten die perfekte Lösung. Vor mir stand Luise-Karen – meine Retterin in der Not, meine *Halbschwester*! Wenn ich das jetzt hier niederschreibe, dann muss ich immer noch lachen, weil es ein ganz billiger Trick war und wir es mit dieser lebensnotwendigen Lüge tatsächlich geschafft haben, dass Luise-Karen jeden Tag zu meinem Vater durfte. Na ja, und wenn sie dann schon mal bei ihm war, konnte sie ja gleich noch ein bisschen Arme und Beine mobilisieren.

Selbstverständlich wurde ich auch im Krankenhaus auf meine »Halbschwester« angesprochen. Einmal wurde ich sogar angerufen: »Frau Kalze, wie viele Halbschwestern haben Sie eigentlich?« Denn als Luise-Laren krank war, schickte sie eine ihrer Mitarbeiterinnen. Diese hatte allerdings keine blonden langen Haare, sondern eher dunkle kurze. Meine Antwort kam prompt: »Tja, wissen sie, mein Vater war früher Gitarrist!«

Rückblickend waren das für mich die ersten kleinen Momente, wo ich innerlich mal wieder lachen und durchatmen konnte. Ich war nicht mehr ganz allein, ich bekam seelischen Beistand, und mein Vater machte Fortschritte. Auf der Wetterkarte meiner Seele waren neben den Gewitterwolken also erstmals wieder vereinzelt ein paar Sonnenstrahlen zu sehen.

Die Wochen auf der Intensivstation bestanden vor allem aus Hoffen und Bangen, Fortschritten, Rückschritten, doch letztendlich hat mein Papa sich langsam berappelt.

Damals, in diesen Momenten, wenn ich in seinem alten übergroßen Pullover eingemummelt still an seinem Bett saß, ihn beobachtete, seine Hand hielt und den Geräten lauschte, überschlugen sich meine Gedanken. Hatte er im Vorfeld etwas geahnt? War etwas komisch vor der Operation, was ich hätte bemerken können? Immer wieder spulte ich in Gedanken die letzten Wochen vor der OP ab, und im Nachhinein könnte man schon denken, mein Vater hatte so eine Ahnung gehabt … Es begann ein paar Tage vor dem geplanten OP-Termin.

»Seraphina!«, rief mich mein Papa, als ich ihn eine Woche vor der OP in Halle besuchte. Es war ein Rufen, das keinen Aufschub duldete. Es hieß: »Komm mal her!«, nur dass er es nicht sagte.

Ich ging zu ihm und sah auf einen Haufen Unterlagen. »Das hier ist der aktuelle Mietvertrag. Das hier sind meine Bankunterlagen. Hier in diesem Ordner sind alle Versicherungen. Dieser Ordner …« kurze Pause, »in diesem Ordner ist alles über den Tod deiner Mutti.«

Warum zeigte er mir das? Warum hatte er all die Unterlagen herausgelegt? Versuchte mein Papa, mich auf das Schlimmste vorzubereiten?

»Falls irgendetwas passiert, dann weißt du, wo alles liegt!«

Ich stieß ein »Pfff, jetzt mach mal halblang!« aus. »Du hast doch gehört, was der Arzt gesagt hat!«

Die aufkommende Angst erstickte ich sofort im Keim. Nach dem Tod meiner Mama würde sich das Schicksal so einen fiesen Schlag aus dem Hinterhalt nicht noch einmal erlauben! Im Leben nicht! Deshalb sagte ich: »Das gehört bei denen schon zur Routine! Du bekommst ein paar neue Leitungen und dann, eh du dich versiehst, stehen wir bei den Stones in Reihe zwei und brüllen *I can't get no!*«

Er sah mich an, als wäre ihm gerade mehr nach *Sympathy for the Devil* statt nach *Satisfaction*. Vielleicht ahnte er aber auch schon, dass die nächsten Wochen nicht einfach werden würden. *You can't always get what you want!*

Dann kam der Tag der Einweisung. Mein Vater stand vor dem Krankenhaus, die Reisetasche fest in der linken Hand. Ich musste kurz lachen, denn ein Neckermann-Schild mit der Aufschrift »Bulgarien« baumelte offensichtlich seit 1993 daran. Er zögerte. Im Wartezimmer drückte er dann eine Taste und der Automat spuckte die Nummer aus. »110 – na, es scheint ja eilig zu sein«, hörte ich meinen Vater zu sich selbst sagen. Wir nahmen Platz. Anmeldung. »Guten Tag, Kalze. Ich bin hier zur Bypass-OP, wo muss ich denn hingehen?« Die Arzthelferin checkte die Daten: »Oha, Sie gehen nirgendwohin!«

Kurz darauf kam schon ein Pfleger mit einem Rollstuhl und bat meinen Vater höflich, aber dennoch bestimmt, Platz zu nehmen. Was wir beide nicht gewusst hatten:

Mein Vater hätte in diesem Moment schon zu jeder Zeit einen Herzinfarkt oder Schlaganfall erleiden können. Seine Gefäße waren wie Frisöre am Montag: zu. Oder wie ich früher in der Palette mit meinen besten Freunden: dicht. Und der Herzkatheter war wie der Berliner Straßenverkehr nachmittags um vier: kein Durchkommen. Zu glauben, dass man das ohne OP hinkriegen könnte, war, als wollte man mir erklären, an einem schönen Abend mit meinen Freunden keinen Absacker zu nehmen … völlig sinnlos.

Aber die Konsequenzen waren mir nicht bewusst. Na klar setzte mein Vater seine Unterschrift unter den Aufklärungsbogen und ja, jede Operation birgt Risiken in sich, aber glauben wir nicht alle, immer genau zu denjenigen zu gehören, bei denen schon nichts passieren wird? »Machen Sie sich keine Sorgen, Herr Kalze, das ist mittlerweile schon ein Routineeingriff!«, höre ich den selbstsicheren Arzt noch in meinen Ohren.

So dachte ich irgendwie immer noch, während ich an seinem Bett saß, betete und hoffte, dass alles sich zum Guten wendet. Dass ich schon bald mit meinem Papa aus diesem Krankenhaus rausspazieren würde, um in unserer Lieblingseisdiele den größten Eisbecher zu essen, der dort auf der Karte stand. Das da noch ein langer Weg vor uns lag, war mir oft nicht klar. Oder ich wollte es nicht wahrhaben.

Die Tage zogen ins Land, es wurde April, und mein Papa hing immer noch an der Lungenmaschine. Das Ziel war nun, ihn langsam wieder an das selbstständige Atmen heranzuführen. Seine Vitalwerte ließen das inzwischen zu, und zum ersten Mal machte sich so etwas wie Erleichterung in meiner Gefühlswelt breit. Jeder noch so kleine Fortschritt war für mich ein großer Erfolg und machte aus dem Schimmer der Hoffnung einen dicken fetten Strahl.

Obwohl die Realität ja nicht gerade rosig aussah: Mein Papa war rechtsseitig gelähmt, konnte nicht selbstständig atmen, nicht schlucken, nicht blinzeln und seine Augen nicht kontrollieren. Er hatte seine Sprache verloren und fiel nach kurzer Zeit des Halbdämmerns in einen tiefen Schlaf zurück. Er war wieder da und irgendwie aber auch nicht.

Mittlerweile arbeitete ich bei *Kabel Eins*, und wenn ich aus München kam und wir einen Tag lang nicht zusammen waren, griff er nach meiner Hand, legte sie sich auf seine Brust und tastete mit seiner linken Hand meine Finger ab. Sobald er den großen silbernen Ring an meinem Ringfinger gefunden hatte, bedeutete er mit einer Geste, meine andere Hand »sehen« zu wollen. An ihr suchte er meinen Verlobungs- und Ehering. Sie stecken beide übereinander. Erfühlte er sie, griff er meine ganze Hand, legte sie sich auf sein Herz und ließ sie erst einmal nicht wieder los. Manchmal lächelte er dabei sogar ein wenig.

Wenn ich an diese intensiven Momente denke, kommen mir fast jedes Mal die Tränen. Das war unsere magische Art, in dieser halb wachen Phase »Hallo!« zueinander zu sagen.

Ein paar Tage später konnte mein Papa seine Augen schon für ein paar Sekunden offen halten. Anfangs bewegten sie sich unkontrolliert von links nach rechts. Ich hatte die Geräte und ihn fest im Blick, puh, so weit nichts Auffälliges. Doch es strengte ihn so sehr an, dass er direkt danach wieder einschlief. Ich fragte mich, wie das später in der Reha funktionieren sollte?

Ich versuchte, ihn so gut wie möglich darauf vorzubereiten, machte meine eigenen Trainingsstunden mit ihm. Wir übten: Augen offen halten. Wir übten: in meine Richtung schauen und den Blick halten, halten, noch ein bisschen, ohne direkt wieder einzunicken.

Und wir schafften es! Nach drei Wochen konnte mein Vater seine Augen wieder öffnen und schließen. Er konnte wach bleiben, wenn er das wollte. Und das war der eigentliche Hauptgewinn: Dass mein Papa nun Dinge wieder allein regulieren konnte. Dieser April des Jahres 2016 war schon ein besonderer Monat. »Weitermachen! Nicht aufgeben!« war die Devise.

Frühling 2016! Papa atmet wieder solo!

»Der Wein muss atmen! Ich höre immer, der Wein muss atmen! Ich will den saufen und nicht wiederbeleben.«

Auch das musste geübt werden, das selbstständige Atmen. Dafür wurde mein Vater zunächst für kurze Zeit vom Beatmungsgerät entfernt. Besuche waren in diesem Moment nicht erlaubt, und das hatte auch seinen Grund. Es sieht nämlich furchtbar aus! Ich weiß das, denn eines Tages hatte man mich versehentlich zu meinem Papa gelassen. Normalerweise wartet man ja erst mal in der Schleuse. Dieses Mal kam ich in das Zimmer meines Vaters und fand ihn im Fliegersitz (also halb aufrecht und Füße etwas hoch) vor, nur spärlich mit einem Tuch bedeckt. Fast schon panisch und die Augen weit aufgerissen, japste er nach Luft, und ich glaubte, er würde stattdessen ersticken. Ich taumelte zurück und fiel fast um. Eine Krankenschwester hielt mich fest, schob mich gleichzeitig aus dem Zimmer und rief laut: »Wer hat denn Frau Kalze hier reingelassen, verdammt noch mal!« Schwupps, saß ich wieder in der Schleuse, nachdem ich mich kurz übergeben hatte. Es war zu viel gewesen. Dieser Anblick war der blanke Horror! Und wieder hatte ich dieses Gefühl von Ohnmacht und absoluter Hilflosigkeit. Hörte das denn nie auf? Nach einiger Zeit kam die Ärztin auf mich zu. Ihr war bestimmt bewusst, dass die Situation für Menschen ohne medizinischen Hintergrund schwierig war. Sie war sehr behutsam und verständnisvoll. »Ihr Vater macht das sehr gut. Er muss es neu lernen, das Atmen.«

Entfernte man das Beatmungsgerät, dachte er, er würde ersticken und suchte aufgeregt nach einer Möglichkeit, Luft zu schnappen. Das fühlte sich sicher nicht gut für ihn an, aber es war der erste Schritt zur selbstständigen Atmung. Denn wenn sich das Gehirn den neuen Weg zur Atmung merkt, dann kann man es üben und trainieren. Mich beruhigte das nur so mittel. Einen Erstickungstod zu simulieren, um zu überleben? Junge, Junge! Das war ein hartes Stück Brot!

Für meinen Vater und sein Herz bedeutete das Stress pur. Zumal in der Zeit absolutes Besuchsverbot herrschte und ich ihm nicht beistehen konnte, nicht seine Hand halten konnte. Mir tat es weh, dass er das erleben musste, aber er kämpfte und schaffte es, dass man den Tubus wenige Zeit später entfernen konnte. Ihr glaubt ja nicht, wie sehr ich mich freute, als ich eines Tages wieder ins Zimmer von meinem Vater kam und dieser Schlauch weg war. Gott, das war so schön! Mein Vater konnte wieder atmen. Er dachte sich bestimmt: »Wenn die Fine morgen kommt, dann kann ich das!« Mein Papa war schon immer gut in Überraschungen.

Das selbstständige Atmen war die erste Voraussetzung

für das Weiterleben, wie auch immer das dann aussehen mochte. Aber es bedeutete noch etwas. Etwas, das eine neue Ära im Krankheitsverlauf meines Vaters und auf unserer Reise in ein neues Glück einläuten sollte: Mein Vater war bereit für die Reha!

3

DU GIBST MIR KRAFT

Wo geht ein Reh ohne Haare hin?
In die Rehaar.

Wenn das Leben dir Zitronen schenkt, mach Limo draus!« Freilich, nichts leichter als das. Auspressen, Sprudel drauf, bisschen Zucker, fertig. Gilt das auch, wenn das Leben dir mit einem Schwerbehindertenausweis vor der Nase herumwedelt, der vorher noch ein Totenschein war!? Schmeckt das nach Limo? Hey! Immerhin nur schwerbehindert, Gott sei Dank nicht tot? Halbseitig gelähmt? Hurra, eine Körperseite funktioniert noch!

In allem stets das Gute sehen, hoffnungsvoll sein und optimistisch bleiben. Das Beste daraus machen! Kann man das? Braucht es immer so krasse Einschnitte im Leben, um die eigene Stärke zu fühlen und sich an die Hoffnung zu erinnern? Tatsächlich neige ich dazu, mich nicht unterkriegen zu lassen. Vielleicht hat der Tod meiner Mama mich das gelehrt. Vielleicht hat er mich stark gemacht, um der nächsten Herausforderung entgegenzutreten, ohne Angst und mit einem unerschütterlichen Willen.

Aber wann ist es einfach mal genug? Wann reicht es mit dem Ballast auf den Schultern und man haut in den Sack? Wann hat man keinen Bock mehr auf Hoffnung? Ist Hoffnung wirklich immer da? Und: Wer behauptet denn, dass etwas hoffnungslos ist? Wahrscheinlich derselbe Typ, der behauptet, dass Pizza auch ohne Käse schmeckt.

Ich glaube, dass Hoffnung von den eigenen Überzeugungen und Erfahrungen abhängt. Manchmal sind es nur unsere eigenen Gedanken, die uns glauben lassen, dass wir in einer ausweglosen Lage stecken. Auf der anderen Seite gibt es die Experten mit ihren trockenen Statistiken und Studien, die das Todesurteil für jegliche Hoffnung bedeuten können. Aber am Ende braucht es sie immer, die Hoffnung. Sie kann aus ganz unerwarteten Ecken auftauchen, wie ein Überraschungsgast. Manchmal kommt sie von innen, durch die eigene Kraft und den Glauben an die Veränderung zum Guten. Und manchmal ist sie ein Geschenk von außen. Eine Freundin, die dich aufmuntert. Oder ein Meme auf Insta, das dich inspiriert und Hoffnung weckt. Also, wer sagt, dass etwas hoffnungslos ist? Vielleicht sollte ich diese Frage den Pessimisten stellen, während ich weiter an meiner fett mit Käse überbackenen Pizza kaue, furchtlos einen Kaktus umarme und an die unerwarteten Wendungen des Lebens glaube.

Und ja, vielleicht ist die Hoffnung auch immer da, ich jedenfalls spürte sie mit diesem Satz ganz deutlich: »Ihr Vater ist bereit für die Reha!« Seine Koffer waren quasi schon gepackt.

Wahnsinn! So weit hatten wir es schon geschafft!

Nun ergab sich aber das folgende Problem: Ich hatte mir für meinen Vater eine Reha in Leipzig ausgeguckt. So würde ich meinen Job als Moderatorin in München, mein Privatleben in Hamburg und meine Besuche bei meinem Vater ganz gut unter einen Hut kriegen. Das Dumme war: Der Platz mit Beatmungsgerät war in der Reha Leipzig noch nicht frei. Das Krankenhaus aber wollte meinen Vater »loswerden«, weil er nicht mehr ganz so viel Intensivmedizin benötigte wie *der Nächste, bitte*! Kurz gesagt: Es gab lukrativere Patienten als meinen Vater. Aber anderes Krankenhaus hieß automatisch auch andere Reha.

Ich dachte, ich höre nicht richtig, als ich mich plötzlich mitten im Schlammassel deutscher Gesundheitspolitik wiederfand. Bis mir eine Freundin zum Glück sagte: »Seraphina! Du entscheidest, wo dein Vater hinkommt! Niemand anderes!« Ich rief im Krankenhaus an, erklärte, dass sie die Sachen meines Vaters wieder auspacken sollen, denn: »Der fährt hier nörchenswohin!« Der Transport wurde tatsächlich abgesagt. Dafür bat ich um einen Platz am Fenster – die einzige Verlegung, der ich zustimmen würde!

Danach war ich mit meinen Nerven aber auch am Ende.

Ihr glaubt nicht, wie wütend ich war! Welcher Angehörige hat die Kraft zu intervenieren, wenn es endlich in die Reha geht? Zu sagen *Halt! Stopp! So nicht!* Überhaupt die Hintergründe zu erfassen? Und wie willst du das dem Patienten – deinem Vater, deiner Mutter – erklären, der auch nur noch rauswill? Endlich auf die Beine kommen!

Das war schon tough, aber wir haben es gemeistert.

Mein Vater blieb! Ich schmuggelte nach wie vor meine angebliche Halbschwester, also Physiotherapeutin Luise-Karen in sein Zimmer. Rief weiterhin im 24-Stunden-Takt die Reha bei Leipzig an und fragte nach, ob es Aussicht auf ein Bett gäbe, bis der Tag kam, an dem *mein* Telefon klingelte und die Frau am anderen Ende sagte: »Es ist so weit, ihr Vati kann kommen!« Ich konnte mein Glück kaum fassen, hatte ich doch gedacht, eher umarme ich einen Kaktus, als dass ich diese Worte höre.

Schon am nächsten Morgen fuhr mein Vater voraus in die Reha. Mir wurde nahegelegt, am Nachmittag vorbeizukommen. Ich packte schnell noch ein paar Sachen in der Wohnung meines Vaters zusammen. Bei jedem T-Shirt und jeder Jogginghose freute ich mich. Etwas mehr Normalität lag da in der Tasche meines Vaters vor mir. »Keine Krankenhauskleidung mehr!«, dachte ich. Und: »Turnschuhe nicht vergessen!«, denn wenn man auf die Beine kommen soll, brauchen Füße Schuhe! (So übertrieben waren die Gedanken gar nicht. Und mir war schon klar, dass ich immer noch weit weg war von »Normalität«, ich war ja nicht doof.)

Natürlich war ich aufgeregt. Ich fuhr am Nachmittag im Auto über Land an den schönen weiten, großen gelb leuchtenden Rapsfeldern vorbei Richtung Leipzig und dachte: Ab jetzt geht es bergauf! Papa erholt sich. Die Therapeuten sind für ihn da. Zusammen kriegen wir das wieder hin!

Mir kamen ein paar Tränen, aber ich konnte die Gefühle, die mich bei dieser Autofahrt übermannten, nicht komplett zulassen. Ich wollte stark sein. Nicht weinen.

Jetzt hieß es »Zähne zusammenbeißen!«. Denn vor uns lag noch eine Menge Arbeit.

Ich parkte das Auto, sah gleich ein paar Camper und dachte mir, dass ich ja hier vielleicht auch einmal übernachten könnte. So wäre ich gleich vor Ort. Fehlt eigentlich nur noch das Pub um die Ecke, in dem ich die Abende verbringen könnte – wie in den Urlauben mit meinem Papa. Und schon hätte ich noch ein Stückchen mehr von dieser Normalität, die ich gerade herbeisehnte.

Die Wohnmobile hier waren jedoch allesamt ein Zeichen dafür, dass die geliebten Menschen, weit entfernt von ihrem eigentlichen Zuhause, versuchten, wieder auf die Beine zu kommen, und dass ihre Angehörigen zwar Tag und Nacht bei ihnen sein konnten, das Ganze aber dauern konnte!

Und da stand ich nun vor dem Gebäude, das nahtlos das Krankenhaus in Halle ablöste. Wenn ich die Augen schloss und tief in mich hineinhorchte, dann war ich am Ufer des Meeres und betrachtete die unendlichen Weiten vor mir. Ein leichter Wind wehte, und ich spürte eine herrliche Ruhe in mir. Ich schaute mir die Rehaklinik kurz an, wie sie da sanft eingebettet in der Natur thronte und mich überkam ein warmes Gefühl von Optimismus und Ruhe.

Aber in dem »Meer der Hoffnung«, das jetzt vor mir lag, tummelten sich Menschen mit sehr unterschiedlicher Erfahrung. Einige, wie mein Vater, waren gerade erst angekommen und tasteten sich vorsichtig ins Wasser, während andere bereits mutig weit hinausgeschwommen waren. Jeder trug seine eigene Geschichte und seine eigene Herausforderung mit sich.

Ein Meer ohne Wellen gibt es nicht. Und in diesem waren sie besonders unkalkulierbar. Es würde höhere und sanftere geben. Manchmal würden sie meinen Vater mühelos vorantragen. Und es würde die stürmischen Tage geben, die unberechenbaren. Ich dachte auch, dass mein Papa sich hier vielleicht auch ein paar Leuten anschließen könnte, denn eine Reha ist ja irgendwie ein Ort der Unterstützung und des Zusammenhalts. Einander helfen, sich gegenseitig Kraft geben, sich ermutigen weiterzukämpfen. Trotz Schwierigkeiten und Rückschlägen würden die Menschen an ihrer Hoffnung festhalten.

Eskalation auf Probe

»Schau mal dort! Ein fliegender Elefant!«
»Wo?«

Scheiße, war ich naiv.

Ich hatte bereits am Telefon erfahren, auf welcher Station mein Vater lag, und so meldete ich mich nur kurz an und lief los. Schnurstracks in sein Zimmer. Dort traf mich die erste Welle mit Krawumm!

Ein Mann saß in einem großen Rollstuhl, sein Oberkörper hing kopfüber über seinem Schoß. Wie eine zusammengeklappte Marionette. Dunkle Haare. Das ist er, dachte ich, und mein Kreislauf verabschiedete sich. Ich sackte zusammen. Sofort halfen mir ein paar Schwestern auf die Beine, führten mich in eine Sitzecke und reichten mir ein großes Glas Wasser! »So, und wie können wir Ihnen noch weiterhelfen?«, fragte mich eine etwas kräftige Stationsschwester.

»Ich wollte meinen Vater besuchen! Hartmut Kalze!«

»Na, da müssen Se schon ins richtje Zimmor jehn!«

Völlig in Gedanken bin ich tatsächlich ins falsche Zimmer gelaufen! Sofort schoss ein Schwall der Erleichterung durch meinen Körper! Wusste ich es doch! Das konnte ja nicht mein Vater sein! »So schlecht geht es ihm doch nicht!«, dachte ich noch optimistisch.

Hallo? »So schlecht geht es ihm doch nicht?« Was war denn bitte in mich gefahren? Mein Papa lag vor acht Stunden noch auf der Intensivstation, konnte gerade wieder atmen. Tss, merkt ihr selber, oder?

Zum Glück begleitete mich die Schwester zu dem richtigen Zimmer und klärte mich gleichzeitig auf. »Ihr Vater sitzt in einem Therapiestuhl. Bitte erschrecken Sie sich nicht. Sein Oberkörper ist nach vorne über seinen Schoß gebeugt. Es sieht für die Angehörigen schwierig aus, aber das gehört zu seiner Therapie. Er lernt wieder aufrecht zu sitzen. Seine Wirbelsäule wird gestärkt!«

So! Da war also die Erklärung. Ich eskalierte quasi im ersten Zimmer auf Probe und sollte nun auf meinen Papa treffen. Eine freundliche Geste des Schicksals, denn was hätte er wohl gedacht, wenn die Tochter beim Anblick ihres Vaters erst einmal die Kontrolle über ihren eigenen Körper verliert?

Gefasst näherte ich mich ihm langsam, was er direkt bemerkte und ein wenig seine Schulter und den Kopf über die linke Seite hob. Gerade so, dass er mich mit seinen Augen sehen konnte. Die Schwester führte langsam und ruhig seinen Oberkörper zurück zur Lehne des Therapiestuhls und befestigte seinen Kopf mit einem weichen Klettband an einer Kopfstütze. Dann strich sie über seine Schulter und sagte: »Herr Kalze, Ihre Tochter ist jetzt da!«, lächelte mir zu und verließ das Zimmer. Ich nahm direkt die Hand meines Papas fest in meine. Er drückte zu, sah mich an, und wir brachen beide in Tränen aus. Aber immerhin – mein Kreislauf hielt!

Ich wusste, dass die ganze Schlaganfall-und-Koma-Geschichte meinen Papa schwer getroffen hatte. Aber erst die Reha machte wirklich deutlich, wie sehr mein Vater am Arsch war. Wie schwer sein Gehirn verletzt war. So schwer, dass er am Kopf fixiert in einem Rollstuhl saß und von einer Therapeutin mit Wackelpudding gefüttert wurde. So schwer, dass ich mich darüber freute, dass er den schlucken konnte.

Oder über die Sache mit dem Ball …

Vor meinem Vater standen drei Körbe auf einem Tisch. In diesen Körben befanden sich Plastikbälle in der Größe, wie wir sie aus einem Bällebad kennen! Nur hier sind sie nicht zum Spaß! Hier sind es Hilfsmittel. Die Therapeutin sagte sehr laut und übertrieben langsam: »Heeerr Kaaalze! Bitte nehmen Sie einen *gelben* Ball und legen Sie ihn zu den *Roooten*!« Mein Vater schaute die Therapeutin ausdruckslos an. Sie sagte nichts. Nach einer für mich gefühlten Ewigkeit griff mein Vater mit seiner linken Hand in Zeitlupe in den Korb, der voll mit gelben Bällen war. Er umfasste einen und hob ihn ultra laaaaaangsam hoch. Betrachtete ihn von allen Seiten. Als hätte er noch nie einen Ball gesehen. Dann schaute er die Therapeutin an. Wieder verging eine halbe Ewigkeit. Nun legte er wie in Zeitlupe den gelben Ball in den Korb mit den roten Bällen ab. »Klasse! Herr Kalze, das haben Sie gut gemacht!«, lobte die Therapeutin. Und die Schwester neben mir stupste mich sanft an und flüsterte: »Toll, oder?«

Ich lief ins Badezimmer und musste mich mal wieder übergeben. Mein Vater war auf dem Niveau eines Kleinkindes. Und mir tat es so weh, dass ich das dachte. Wie, um Himmels willen, soll aus diesem Häufchen Elend jemals wieder mein Vater werden? Andererseits: Was habe ich denn bitte schön gedacht? Dass mein Vater in die Reha kommt und dann von heute auf morgen übers Wasser läuft? Welchen Streich hat mir denn mein Gehirn da gespielt? Muss man manchmal die Realität ausblenden, weil man sonst nicht fähig wäre, an »Morgen« zu glauben? Schützt uns unser Körper von allein davor, in Hoffnungslosigkeit zu versinken? Um immer noch eine Kraftreserve übrig zu haben? Ich weiß es nicht. Aber offensichtlich hatte nicht nur mein Papa, sondern auch ich mit Realitätsverlust zu kämpfen.

Denn ich bin froh dabei zu sein.
Ich weiß nicht wie du es schaffst
Oder wie du es machst
Aber du
Du gibst mir Kraft
aus: »Du gibst mir Kraft«

Der Raps auf den Feldern um die Rehaklinik verblühte. Mohn strahlte in seinem kräftigen Rot, so weit das Auge reichte. Es wurde besser! Stückchen für Stückchen. Ich erinnere mich noch an den Tag, als ich meinen Papa zum ersten Mal in seinem Stehtrainer sah. Ein großer Tisch auf Rollen, in dem ihn mehrere Gurte und Schlaufen festhielten und eine angenehme Rückenstütze Halt bot, war so gestellt, dass er aus dem Fenster raus in die Natur schauen konnte. Ein kleines Radio lief leise im Hintergrund und der rechte, gelähmte Arm war entspannt vor ihm abgelegt.

Es war Anfang Juni. Woche fünf oder sechs in der Reha. Ich blieb im Türrahmen stehen und genoss den überraschenden Anblick. Mit ein bisschen Phantasie hätte das auch ein Mann an einem Stehtisch am Imbiss sein können, der sich gerade eine Currywurst gönnt. Meinen Papa zum ersten Mal aufrecht zu sehen, nachdem er vorher nur im Bett gelegen oder im Rollstuhl gesessen hatte, machte mich so glücklich. Ich näherte mich ihm langsam. Er drehte seinen Kopf zu mir und lächelte. Wir waren zum ersten Mal seit über drei Monaten wieder fast auf Augenhöhe. Er war wegen der Rollen unter dem Tisch ein kleines bisschen größer als sonst. Aber für mich war er schlicht über sich hinausgewachsen!

Auch mein Papa war gerührt. Ich glaube, die Fortschritte gaben ihm ein bisschen seine Kraft zurück, auch als Vater. Ich umarmte ihn zum ersten Mal im Stehen! Wie viel mir diese Umarmung bedeutete und wie sehr ich sie vermisst hatte, spürte ich genau in diesem Moment. Egal ob nur eine Körperhälfte funktionierte. Das war mir plötzlich nicht mehr wichtig!

Als wir uns aus der Umarmung lösten, machte es klick bei mir. Wir *beide* waren zusammen einen riesigen Schritt weiter! Und mir war klar: Er kämpfte sich nicht zurück in sein »altes Leben«, er kämpfte um das neue. Und in dem würde er mich künftig ohne rechten Arm umarmen.

Er versuchte nicht ständig auf den Rollstuhl angewiesen zu sein, trainierte das Laufen mehrmals am Tag. Außerhalb der Therapien auch mit mir zusammen. Er lernte neu zu vertrauen. Menschen und seinem Körper. Es war ein Prozess. Wahrnehmungen waren verschoben, Emotionen verrutscht. An düsteren Tagen trauerte mein Vater über das Verlorene und konnte sich nicht über seine Fortschritte freuen. Das Laufen strengte ihn körperlich sehr an, und wenn es nicht so ging, wie er wollte, flog schon mal der Stock durch die Gegend, oder die Therapeutin wurde angeraunzt. In solchen Momenten hob ich den Stock schweigend auf und bedankte mich dafür, dass er so hart an sich arbeitete. Ich sagte ihm aber auch, wie weit das Ding geflogen war!

Manchmal, wenn ich kaputt vom Tag war und abends traurig im Bett lag, war es schwer, die Zuversicht nicht zu verlieren. Dann dachte ich an die Worte meiner besten Freundin Claudi, das Gute in dem zu sehen, was da gerade passierte. Oder ich scrollte noch mal durch Social Media. Das half.

Aber auch mein Papa konnte ein großer Motivator sein. Wenn er in seiner Situation alles geben wollte, um in seinem neuen Leben so gut wie möglich zu funktionieren, dann wollte ich mindestens genau die gleiche Stärke an den Tag legen. Ich versuchte also weiterhin die Optimismusdusche über uns regnen zu lassen.

Die Reha nahm mir die Illusion, meinen »alten Papa« zurückzubekommen. Aber ich fühlte mich nicht hoffnungslos. Im Gegenteil! Die Zeit in der Reha war nicht nur da, um verlorene Fähigkeiten so gut wie möglich wiederzuerlangen, sondern auch, um sich mit dem auseinanderzusetzen, was wirklich nicht zurückkehren würde.

Für mich war das eine harte Erkenntnis. Aber nachdem ich einmal über Bord geworfen hatte, was ohnehin nicht mehr zu retten war, konnte ich die Situation endlich nach und nach akzeptieren und annehmen. Wir lernten in der Reha beide! Ich verstand, dass hier keine Wunder vollbracht wurden, aber durchaus mit Überraschungen gerechnet werden durfte. Mein täglicher Spaziergang auf dem Gelände und vorbei am Hospiz machte mir klar, dass das Wunder doch schon neben mir rollerte. Mein Papa lebte!

4

LOSLASSEN

»Wie tragen 2 Ostfriesen und eine Hallenserin einen Kleiderschrank?«
»Der eine trägt den Schrank, der andere sitzt drin, hält die Kleiderbügel fest, und die Hallenserin steht ständig im Weg.«

Was ist eigentlich so schwer am Loslassen? Und warum verstecken sich im Loslassen so viele Tücken? Sind wir mal ehrlich, diese Fragen sind doch uralt; bestimmt gab es schon in der Steinzeit Menschen, die sich an ihre Lieblingssteine geklammert haben.

Denke ich an meine Kindheit, denke ich unweigerlich an »Eli«, hundertfach genäht, völlig platt gelegen und für andere nur hässlich. Für mich mein treuester Begleiter in allen Lebenssituationen. Eli, mein Stoffelefant, hat mir das Leben leichter gemacht. Das blaue Ding hat mir beim Einschlafen geholfen. Arztbesuche, Heulattacken, allein im eigenen Bett schlafen müssen, ja, immer wenn ich Angst hatte, war dieser Elefant bei mir und hat mich getröstet! Deshalb musste Eli überall mit. Mein Papa ist sogar einmal im Wartburg über hundert Kilometer wieder zurückgefahren, um Eli zu holen.

Loslassen heißt aber, sich zu trennen. Und wer tut das schon gerne? Finger hoch! Vertraute Dinge und Gewohnheiten geben ein Gefühl von Sicherheit und Stabilität, ein Gefühl, Kontrolle über das eigene Leben zu haben. War es bei mir früher Eli, sind im Laufe der Jahre noch ein paar andere Dinge dazugekommen: ein alter Toaster, der das Gesicht von Micky Mouse in den Toast brennt und eine fröhliche Melodie spielt, wenn die Scheibe raus hüpft; eine Jeans, die seit Jahren im Schrank liegt, und zugegeben tausend andere Dinge, die ich irgendwie, irgendwo horte.

Da ich mich sehr gut im Loslassen betrügen kann, ist der Toaster bei meiner Freundin Schleesi zwischengeparkt; ja, okay, die Melodie leiert mittlerweile, aber ansonsten funktioniert das Ding, und ich freue mich, dass der Toaster irgendwie immer noch in meinem Leben ist. Die Jeans mit Aufnähern schlummert in einem Karton voll mit Klamotten, die mir beim besten Willen nicht mehr passen, aber mich in vergangenen Zeiten ausmachten. Ich bin der festen Überzeugung, meine Mädchen werden es später cool finden, meine Sachen zu tragen. So wie sie es heute schon feiern, wenn ich ein T-Shirt trage, das ihrer Ur-Oma gehörte.

All diese Dinge sind meine Komfortzonen, mein warmes Nest im kalten Universum. Ich halte an ihnen fest und wenn ich zufällig auf sie stoße, weil ich alte Kisten durchwühle, dann finde ich mein altes Ich wieder. Das beruhigt mich, weil ich mich an mein früheres Leben erinnere und dann fühle, wer ich daraus geworden bin. Zugegeben ist es wie ein kleiner Ego-Booster. Ja, ich hänge oft an Dingen, weil sie mir das Gefühl geben, eine Geschichte zu haben, jemand geworden zu sein!

Das alte Bühnenoutfit meiner früheren Schlagerband »Die Himmelsstürmer« ist so ein Beispiel. Es erinnert mich an großartige Zeiten auf der Bühne und macht mich glücklich, weil ich weiß, dass ich heute mit der Musik auftrete, die ich wirklich mag. Braucht es dieses modische Exempel aus den 2000ern, das wie die Jeans verstaubt in irgendeiner Kiste liegt? Ganz klar: Nein. Aber dennoch zaubert es mir ein seliges Lächeln ins Gesicht, wenn ich es sehe.

Oder all die Fotos und Zeitungsartikel. Sie erinnern mich an liebgewonnene, großartige Menschen und auch, daraus mache ich kein Geheimnis, an die Erfolge, die ich feiern durfte. Mir kommt es dabei nicht auf irgendwelche Bestleistungen an oder auf das Materielle, das dahintersteckt. Aber ich identifiziere mich damit. Schließlich erzählen diese Fotos und Artikel diese ganze wunderbare Zeit, angefangen bei meiner echt geilen Kindheit und Jugend. Gäbe es diese Perlen aus meiner Vergangenheit nicht, ich könnte nicht zu hundert Prozent sagen, dass das mein Selbstwertgefühl nicht jucken würde. Eben weil es meine eigene Geschichte infrage stellen könnte.

Wer weiß, vielleicht leide ich unter Verlustparanoia. Manchmal habe ich Schiss, dass das Universum mich mit Blitz und Donner bestrafen könnte, wenn ich etwas loslasse. Ein Mini-Armageddon sozusagen, das ich ehrlicherweise lieber vermeiden möchte. Indem ich meinen Keller erst nächstes Jahr ausmiste. Oder übernächstes ... oder überübernächstes ... ach.

Diese vielen kleinen Sachen, die ich aufhebe, sind mein Garant dafür, mich daran zu erinnern, wo ich herkam und welchen Weg ich schon genommen habe. Wenn ich heute unsicher bin, trösten sie mich. Wenn ich Angst vor etwas Neuem habe, erinnern sie mich daran, wie oft ich schon »erste Schritte« gemeistert habe.

Während mein Papa in der Reha war und klar wurde, dass er nicht wieder in seine eigenen vier Wände kann, haben mein Bruder und ich insgesamt über fünfhundert Quadratmeter ausgeräumt. Das Haus meines Opas, der nach dem Tod meiner Oma im selben Jahr zu meinem Bruder zog, und die Wohnung meines Vaters. Relikte aus der Kindheit meines Großvaters, wie alte Tabakbildchen oder verlauste, harte Teddybären ohne Augen, bis zum Chemiekasten meines Vaters. Über dreißig Fotoapparate, die alle Zeugen einer anderen Zeit sind, Schallplatten, Eislaufschuhe, Gardinen, Winterstiefel, Brillen.

Und dann war da noch diese blaue Thermokiste aus Polystyrol, die auf dem Schrank meines Vaters stand. Sie kam einst direkt aus Hamburg, voll mit auf Eis gelegtem Fisch. Meine Eltern hatten den vor vielen Jahren bestellt, für ein schönes Festessen à la Kalze, mit großer Party und allem Drum und Dran.

Mein Mann Arne ließ sich mal auf eine Diskussion mit meinem Vater ein: Warum er das blaue Styropor-Teil – das er als Hamburger natürlich sofort erkannte – nicht einfach wegschmeiße. Mein Papa schwärmte von der Kühlfunktion der Kiste, für jeden Anlass könne man da Getränke auf Eis legen. Aber eigentlich wollte er meinem Mann etwas ganz anderes deutlich machen, etwas, das er als jemand, der im Westen aufgewachsen war, sicher nicht so gut nachvollziehen konnte. Die Kiste war ein typischer »Im Falle eines Falles«-Gegenstand. Wenn man im Osten an so ein Ding schon mal rangekommen war, dann behielt man es auch, wer weiß, für was es noch mal nützlich werden konnte. Auch wenn es für Jahre auf dem Schrank herumstand …

Ich selbst würde nie zu der Kiste greifen (wenn ich eine Party feiere, kühle ich die Getränke ganz klassisch in der Badewanne), aber entsorgen konnte ich sie auch nicht. Was, wenn doch wieder alles gut werden würde? Was, wenn mein Papa nach Hause käme und als Erstes nach der blauen Thermokiste fragen würde. Wollte ich dann diejenige sein, die ihm erklärte, dass er sich von den Dingen doch mal trennen, dass er mal loslassen müsse.

Ihr merkt schon, Aussortieren war für mich kein Akt von Sekunden. Im Gegenteil, ich war wie eine Schnecke auf Urlaub, und es war das Schwerste, was ich je machen musste. Zig kleine Entscheidungen mussten im Sekundentakt gefällt werden. Ich, die Dinge braucht, um ihre Wurzeln zu fühlen, mein Bruder, der wegwirft, Platz macht, um neue Wurzeln zu schlagen.

Das war Stoff für zig Auseinandersetzungen, viele kleine Streitereien, tausend Tränen, aber auch Abende auf dem Dachboden, mit ein paar Flaschen Rotwein und schönen Momenten, die nicht nur mit der Vergangenheit meines Vaters zu tun hatten, sondern mit unserer gesamten Familie Kalze. Ich merkte dabei rasch: Der Apfel fällt nicht weit vom Stamm, und genau wie mein Opa und mein Vater bin auch ich ein emotionales, nostalgisches Wesen, das es liebt, an alten Dingen festzuhalten, weil sie mich an die guten Zeiten erinnern und mir das Gefühl von Sicherheit und Beständigkeit geben. Gerade mein Vater und ich ähneln uns da sehr. Wir sind quasi urzeitliche Hamster auf Crack. Früher bedeutete das Horten von Nüssen Überleben. Heute bedeutet es, dass wir siebzehn alte Handyladekabel in der Schublade haben, »für alle Fälle«. Das sind tief verwurzelte Instinkte, die offensichtlich bis heute unser Leben beeinflussen! Wir können also eigentlich nichts dafür, mein Papa und ich ;)

Doch es gibt Situationen, da müssen wir unsere innere Marie Kondo finden und Ballast abwerfen. Schwierig wird es nur, wenn es nicht der eigene ist. Und so stand ich in der Wohnung meines Vaters und wusste, dass alles raus muss! Er würde nie wieder einen Fuß in seine Bude setzen, er würde zu mir nach Hamburg ziehen. In Arnes und meine gemeinsame neue Wohnung. Wir hatten keinen Dachboden, keinen Keller, nicht mal einen Abstellraum. Meine einzige Hoffnung, doch nicht alles wegschmeißen zu müssen, lag in einer kleinen Garage auf der Datsche bei Halle. Dort könnte man »zwischenlagern«. So wie den Toaster, der jetzt ein bisschen »schummelig« bei meiner Freundin stand.

Wir hatten es mit allerlei Gerümpel zu tun, Kisten meiner Eltern, die mein Papa beim Umzug in seine kleine Witwer-Bude »erst einmal« auf dem Dachboden bei Oma und Opa abgestellt hatte, um später zu entscheiden, was damit passiert. Welches Später? »Wenn ich bereit dafür bin!«, war seine Antwort gewesen. Doch sind wir ehrlich, man ist nie bereit dafür. Aus den Augen, aus dem Sinn! Selbstbetrug vom Feinsten!

Hilflos irrte ich also zwischen der Wohnung meines Vaters und unserem Familiendachboden hin und her und hielt mich lieber stundenlang an Kleinigkeiten auf, als die Müllsäcke zu füllen. Zumal mein Vater ja gar nicht offiziell ausgezogen und die Wohnung immer noch sein Zuhause war. Woher sollte ich wissen, woran er besonders hängt, was er noch brauchen würde. Ich wusste ja nicht einmal, wie er aus dieser ganzen Geschichte wieder rauskommen würde. Mann, war das ein Scheiß!

Ich dachte zum Beispiel ewig über einen Haufen Geburtstagskarten nach, die mein Vater über die Jahre gesammelt hat. Sicher kennt ihr die auch: Wenn man sie öffnet, ertönt irgendeine Melodie. Obwohl ich diese Karten nie besonders cool fand, las ich mir alle durch und dachte, dass auch mein Papa sich freuen würde, diese Karten noch einmal in den Händen zu halten. Um sich zu erinnern. Gehirntraining quasi! Er hatte sie ja aufgehoben. Sie waren ihm also wichtig! Und anstatt sie wegzuschmeißen, legte ich sie erst einmal alle nebeneinander.

Und ich lenkte mich ab: Habt ihr mal versucht, ganz viele solcher Musik-Glückwunschkarten schnell hintereinander zu öffnen und wieder zu schließen? Dabei entsteht ein unfassbares Gebrüll an Gute-Laune-Melodien, wie auf einem Jahrmarkt, und ich war mittendrin in dieser Kakophonie. Unweigerlich entstand ein Remix von »Ceeeeeeleeeeebrate good times come on!« über »Haaaa-appy Birthday to you, Happy Biiiirthday!«, »Hoch sollst du leeeeeeeben«, »Wie schön, dass du geboren bist …« oder »Ich wünsch dir noch n geiles Leben!« bis hin zu »Live is Live … nanananana!«, »Griiiiiieeeechischer Wein!«, »Wir sind alle üüüüüber 40!« und »Ein bisschen Spaß muss sein …«.

Ich war mir sicher, dass niemand auf so eine bescheuerte Idee kommt. Warum nicht? Ganz einfach! Weil niemand so viele Karten hat!

Ich war wie ein sentimentaler Staubsauger, der alles einsaugt, was auch nur einen Hauch von Erinnerung hatte. Weinen und Lachen klatschten sich ab, in einem Moment lachte ich mich kaputt und im anderen liefen mir die Tränen! Und so musste ich mich irgendwie überlisten. Ich musste einen Weg finden, dass mir Entscheidungen abgenommen werden. Dass ich nicht stundenlang an ein und demselben Gegenstand klebte, den es auszusortieren galt.

Und das ging so: Ich öffnete den Glasschrank im Wohnzimmer, legte meinen Arm hinter die Gläser und schob sie mit einem Ruck nach vorne, sodass sie alle aus dem Schrank fielen und zerbrachen. Nun waren sie garantiert nicht mehr zu gebrauchen! Ich zerlegte Teller und zerschmiss Tassen. Ich machte kaputt, was mich kaputt machte! Ich rettete mich mit diesem Handeln davor, in Erinnerungen zu ertrinken. Abzusaufen im Leben meines Vaters! Zack, noch eine Schale kaputt. Herrlich! Doch wehe, etwas ging kaputt, dass ich eigentlich behalten wollte, weil ich dachte, es könnte wichtig für meinen Vater sein. Da wurde geheult, was das Zeug hielt. Heute weiß ich nicht einmal mehr genau, was es war, aber damals war es ein wahnsinniger Verlust.

Was ich aber heute weiß: das Ausräumen der Wohnung meines Vaters war auch mein erster Schritt in sein neues Leben! Jedes bisschen Weggeben und Loslassen seiner Sachen war ein stückchenweises Akzeptieren unserer neuen Situation. Seine Wohnung war mein Zufluchtsort, während mein Papa auf der Intensivstation lag. Sie wurde mir zu seinen Armen, in die ich mich am Ende des Tages einkugeln wollte. Hier konnte ich mich leise fallen lassen. Hier konnte ich hoffen, dass mein Vater wieder der Alte wird.

Wie Pech und Schwefel, nur mit mehr Drama

Vergessen – im Labyrinth der Zeit
Erinnerungen – Scherben
der Vergangenheit
Welche unsichtbare Macht
hält dich noch fest

aus: »Mehr davon«

Als das mit dem Zerdeppern anfing, hörte ich auf, in der Wohnung zu übernachten und nistete mich stattdessen bei meiner besten Freundin in Halle ein. Ich vermied es auch, länger als nötig in der Wohnung zu bleiben, die mittlerweile aussah wie mein Inneres, ein Schlachtfeld. Alles stand wild herum, halb verpackt, halb sortiert. Häufchen hier, Stapel dort. Dieser Ort war kein Platz mehr, um zu verweilen. Er wurde zu einem Ort, der erledigt werden musste. Ich fand bei meiner Freundin Ruhe und Ablenkung, die ich so bitter nötig hatte. Durch diesen Abstand spürte ich, dass ich in meinem Leben eigentlich zum zweiten Mal auszog. Das erste Mal war, als ich nach dem Abitur und meiner Zeit beim Radio nach Berlin gegangen bin. Nun jedoch kehrte ich meinem Leben als Tochter vorerst den Rücken zu. Ich habe meinen Papa, so wie ich ihn kannte, beim Aufgeben seiner Wohnung verabschiedet. Wer dann später bei mir in Hamburg einziehen würde, das wusste ich noch nicht.

Mein Vater hatte nie die Möglichkeit zu einem solchen Abschied gehabt. Er hatte seine Wohnung mit einer kleinen Reisetasche verlassen. Im Kühlschrank noch ein paar Lebensmittel, die länger haltbar waren, der Stromzähler drehte sich weiter, um die Pflanzen kümmerte ich mich. Nun war er ans Bett und den Rollstuhl gefesselt, konnte sich nicht wirklich mitteilen, während die Lebensmittel im Kühlschrank langsam verschimmelten. Er würde nie wieder hierher zurückkommen.

Ich habe oft darüber nachgedacht, wie es sich für ihn angefühlt haben muss? Was davon hatte er verstanden? Ich wollte ihm davon berichten, wie ich die Wohnung leergeräumt habe, vielleicht auch, um mich zu entschuldigen für all das Ausmisten, denn was weiß ich denn, was am Ende des Tages wirklich wertvoll für ihn war. Es waren meine Erinnerungen, die in den Dingen steckten, aber was genau waren seine?

Um all das festzuhalten – an irgendetwas musste ich ja noch festhalten – fotografierte ich all die Möbel, Klamotten, das Geschirr, das noch da war, machte Videos, wenn die Sachen abgeholt wurden, um sie später meinem Vater zu zeigen, in der Hoffnung, dass er auf diese Art ebenfalls Abschied nehmen konnte. Dass die Dinge weiter zu ihm gehörten.

Ich fotografierte mich auch mit den Familien, die die Möbel abholten. Wir setzten uns zusammen auf das Sofa, lächelten in die Kamera. Nicht für mich, nicht zum Andenken an die Situation. Wir taten es für meinen Papa. Und die Dankbarkeit, die mir entgegenkam, sie half mir so sehr über all das hinweg. Ich tat Gutes, und das tat gut! Zusammen mit meiner besten Freundin baute ich einen riesigen Flohmarktstand auf! Ich filmte alles, bat die Leute um einen kleinen Gruß, den sie meinem Papa in die Kamera sprechen sollten. Und jeder, wirklich jeder machte mit. Eine Kunststudentin der Burg in Halle: »Herr Kalze, ich kenne Sie nicht, aber ich liebe alle diese Häkeldeckchen und sammle alte Häkelmuster! Ich nähe sie auch auf Klamotten!« Eine andere Frau: »Herr Kalze, ich gehe auf Weltreise, ich schreibe in dieses alte Notizbuch all meine Erlebnisse!« Meine Freundin Maria: »Hallo Hartmut, ich habe hier Sibylles Brotback- und Gurkentopp! Hoffentlich kommste bald widder off de Bene!«

Ich wollte, dass mein Papa sah und wusste, wo seine Sachen hingegangen sind! Ich wollte, dass sie nicht einfach weg waren. Denn »einfach weg!« war für ihn doch gerade schon so viel!

Ich erinnere mich, dass dieser Flohmarkttag ein schöner Tag war. Die Sonne schien, und ich war nicht allein. Ich war umgeben von Menschen, die all die Sachen weiterleben lassen würden. In einem alten Anorak befand sich in der Innentasche noch die Eintrittskarte unseres letzten Opernbesuchs in Berlin und ein kleiner Kamm … autsch. Dieser Kamm – so typisch mein Papa. Ja, der Tag tat auch weh. Aber nicht zu vergleichen mit den Qualen, die ich allein zu Hause verspürte. Der Frage ausgeliefert: Wohin nur damit?

Viele alte Retro-Möbel wanderten auch zu Freunden. Wenn ich sie heute in deren Wohnungen entdecke, in einem völlig anderen Umfeld, freue ich mich so sehr wie über die ausgeleierte Melodie meines alten Toasters. Mir wird richtig warm ums Herz. Damals war genau das mein rettendes Gefühl! Ich spürte durch all die Menschen, das Leben geht weiter! Die Dinge leben weiter! Ich bin nicht allein. Ich bekam das Gefühl, wieder nach vorne schauen zu können.

Ich habe viel gelernt in diesen Tagen. Dass Freude und Leid wie ein unzertrennliches Duo sind. Wie Pech und Schwefel, nur mit mehr Drama. Dass mir Menschen Kraft geben, damit ich wiederum die Kraft aufbringen kann, meinem Schicksal den Stinkefinger zu zeigen. Wäre doch gelacht, wenn ich es nicht schaffe, aus dem Leben das Positive zu ziehen.

Später irgendwann, bei mir in Hamburg, erzählte ich ihm von all den Tagen in seiner Wohnung. Zeigte ihm, was ich für ihn mitgenommen hatte, was sich in den Schubladen in seinem Zimmer versteckte. Er schaute sich alles an. Hörte zu. Tränen stiegen ihm auf beim Anschauen der Flohmarktvideos, aber nicht, weil er darunter litt, dass ich seine Sachen weggegeben hatte. Ich glaube, er spürte, wie viel Kraft mir das alles abverlangt hatte. Genauso wie er spürte, wie viel Liebe in den kleinen Grußbotschaften all dieser, für ihn zum Teil unbekannten Menschen steckte. Was alles geschah und gestemmt wurde, als er einer einzigen – seiner schwersten – Aufgabe nachging. Nämlich zu überleben!

Heute habe ich keine Angst mehr davor, Entscheidungen dieser Art zu treffen! Ich weiß, es wird richtig sein, was ich tue. Wir machen in so einer Ausnahmesituation keine Fehler, wenn wir die Entscheidung aus der Mitte unserer Herzen treffen.

Selbst wenn ich eines Tages das Häkeldeckchen oder den Blaumann meines Vaters vermissen würde, habe ich in dem Moment das Richtige getan. Und ich weiß jetzt, dass die Erinnerungen an geliebte Menschen und besondere Zeiten nicht verloren gehen, man kann sie nicht verschenken oder auf Kleinanzeigen stellen. Sie bleiben in unserem Herzen, unabhängig von ihrem physischen Beweis. Wir brauchen dafür kein »Etwas«, das uns wie ein Klotz am Bein hängt.

Auch mein Papa erinnert sich an all die Geschichten, die hinter den Dingen stecken. Und er erinnert sich auch noch an ein wunderbares Familienfest, für das er extra Fisch aus Hamburg bestellt hatte. Und jetzt raten sie mal, wonach mein Papa bis heute nie wieder gefragt hat? Ein kleiner Tipp: Es ist blau, aus Polystyrol und hält im Falle eines Falles Getränke kalt!

Bei der Gelegenheit: Wo ist eigentlich Eli?

5

GEFÜHLE WERDEN NICHT NUR DURCH WORTE LAUT

»Manchmal können Worte Gefühle gegenüber einem Mitmenschen nicht gut ausdrücken. Und genau deswegen gibt es den Mittelfinger!«

2013, das rote Kameralicht beim MDR ging aus, die Live-Übertragung war vorbei, und alle lächelten und klopften sich auf die Schultern. Wenn die Anspannung nachließ, kam die Freude über die gelungene Sendung.

Ich wischte mir schnell das Make-up aus dem Gesicht, sprang in meine Schlumpisachen und eilte zum Bahnhof, um im gemütlichen Eurocity die Heimreise nach Berlin anzutreten. Es dauerte nicht lange, da klingelte mein Handy, und mein Papa flötete mir ein »Na, meine Kleene, hastes jeschafft. Das war doch widder brima!« entgegen. Ich konnte wirklich meine Uhr danach stellen. Knapp eine Stunde nach der Sendung begann stets die interne Vater-Tochter-Auswertung. Nicht nur ich liebte meinen Job, mein Papa tat es auch. Es war wie ein Ritual, und ich liebte es, ihm zuzuhören.

Nach dem Tod meiner Mama 2013 telefonierten wir fortan jeden Tag miteinander. Zusätzlich zu dem Fakt, dass wir einfach gerne über alles sprachen, kam nun auch das gute Gefühl hinzu, dass der andere da war. Erreichbar. Im Hier.

Mein Papa ist ein sehr feinfühliger Mensch. Sehr emotional. Er kann wunderbar mit Worten Bilder malen, und oft hätten bestimmt auch die letzten zehn Minuten seiner Erzählungen gereicht, um alles zu sagen. Aber wir unterhielten uns zu gern, als dass wir uns je vornahmen, uns kurzzuhalten. Als Kind erzählte er mir die abenteuerlichsten Geschichten oder erfand kuriose Gleichnisse, zum Beispiel wenn ich mit Absicht auf einen Käfer getreten bin oder eine Spinne zermatscht habe.

»Und? Was meinst du, was da heute Abend in der Käferfamilie los ist. Die sitzen alle am Abendbrottisch und fragen sich: ›Wo is denn nur der Papa? Der kommt aber spät heute!‹ Und die warten und warten, und niemand kommt.« Ich zerlatschte nie wieder irgendwas! Heute weiß ich die Kreativität meines Vaters in meiner Erziehung zu schätzen und wende dieselben herzzerreißenden Szenen vom Käferabendbrottisch bei meinen Kindern an.

Aber nicht nur am Telefon, auch auf unseren gemeinsamen Reisen sprachen wir viel, regelrechte Philosophie-Sessions waren das. Natürlich auch unter Einfluss von diversen Traubensäften mit Umdrehung. In Schottland vergaßen wir einmal, anzuhalten und einen Stellplatz auszuwählen, weil wir über das Leben quatschten und so vertieft in die unterschiedlichsten Themen waren.

Mein Vater war vor dieser Schottland-Reise noch nie am Atlantik gewesen, und als wir die Stelle erreichten, wo Atlantik und Nordsee ineinander übergehen und ein großer Strudel im Wasser zu erkennen ist, war er überwältigt und ein, zwei Tränen liefen ihm über die Wange. Den Moment, als die Sonne langsam hinter dem unendlichen Ozean verschwand, werde ich nie vergessen. Für mich war er der eindeutige Beweis, dass es nie zu spät ist für die Dinge im Leben.

Wir nahmen auf dieser Reise in Kauf, dass die Qualität von Stellplätzen auf der Prioliste nach hinten rutschte. Der Weg wurde das Ziel – ja, ein Klischee, aber so wahr –, und ich genoss es, mit meinem Vater über seine Kindheit zu sprechen, über seine Erlebnisse als junger Mann, über Mama … diese Gespräche hatten nicht nur Tiefgang, sie schafften zugleich ein unvergessliches Gefühlspanorama. Heute ist mir klar, warum ich meinen Papa unterstütze: *Weil* wir diese Erlebnisse hatten, die das Band zwischen uns unkaputtbar gemacht haben.

Ob als Kind, Jugendliche oder Erwachsene: Ich musste nie nach dem Rat meines Vaters fragen. Ich bekam ihn. Es war immer in Ordnung für mich. Es gab keinen Grund, mich über ungebetene Kommentare zu beschweren. Ich empfand die Meinung meines Vaters immer wie eine warme Decke, die vielleicht das ein oder andere Mal auch kratzen konnte, wenn wir nicht derselben Meinung waren. Nur bei einer Sache schwieg er, und zwar wenn es um meine Liebesangelegenheiten ging. Da sollte ich mal schön selber herausfinden, was das Richtige war (meine Liebeskummertränen trocknete er natürlich trotzdem).

Die Stimme meines Vaters war wirklich in den meisten Belangen mein täglicher Begleiter. Und nun hatte ich sie schon seit Wochen nicht mehr gehört. Dafür gab es ein Wort: Globalaphasiker. So lautete die Diagnose, die mein Vater 2016 mitnahm ins Neurologische Rehabilitationszentrum bei Leipzig. Sein neues, vorübergehendes Zuhause.

Globalaphasie ist richtig scheiße. Es ist dir in keiner Weise möglich, Sprache zu verstehen oder Wörter zu formulieren. Ich stelle es mir vor wie in einem leeren Raum, in dem einzelne Silben wild durcheinanderwirbeln. Du versuchst Wörter zu finden oder zu erkennen und erlebst stattdessen nur ein diffuses Durcheinander von Klängen und Fragmenten. Wie ein kaputtes Puzzle, bei dem die einzelnen Teile sich einfach auflösen und kein Ganzes mehr ergeben. Ein wahres Drama der Stille, in dem die Sprache die Bühne verlässt und zurück bleiben die nun stummen Hauptakteure. Gedanken und Gefühle. Es muss sich anfühlen wie ein Kampf zwischen dem Wunsch, sich auszudrücken, und der Unfähigkeit die richtigen, oder überhaupt Worte zu finden. Das Drama liegt vor allem auch in der Geduld und Liebe, die es erfordert, trotz Sprachbarriere eine Verbindung aufrechtzuerhalten. Zwischen der Stille und dem Drang gehört zu werden.

Und doch schlummert in jedem Drama die Chance auf Applaus. Um die zu erkennen und letztendlich zu ergreifen, braucht es vor allem Mut! Mut zum falschen Ton. Mut zur sinnlosen Faselei. Sich trauen, völlig abstruse, falsche und verrückte Laute von sich zu geben. Aber dieser Mut fehlte meinem tief verwundeten Papa. Mit Sicherheit hat er in Momenten, in denen er mit sich allein war, seinen Mund geöffnet und gelauscht, was da rauskam. Es muss anfangs so niederschmetternd für ihn gewesen sein, dass er sich wohl vorgenommen hatte, jegliche Sprechversuche einzustellen. Frustration darüber, sich nicht ausdrücken zu können und Schwierigkeiten zu haben, andere zu verstehen, katapultiert dich doch in pure Verzweiflung und Hilflosigkeit. Das ist ein absoluter Albtraum, aus dem mein Vater jeden Tag aufs Neue erwachte.

Und dann kam ich! Die Besuchszeit begann um 14:00 Uhr und pünktlich zehn Minuten vorher stand ich mit meiner neuen Errungenschaft im Türrahmen. Ein Memory-Spiel von Tchibo! Auf den Karten waren Bilder, unter denen jeweils das Wort des oben stehenden Dings geschrieben stand. Sprich, eine Leiter und unter dem Bild stand das Wort »Leiter«. Ohne zu fragen, packte ich es jeden Tag aus. Die ersten Wochen zeigte ich meinem Papa nur die Karten und las laut das Wort vor: »*Leiter!* Papa, *Leiter!*« Ich muss wie eine Irre ausgesehen haben, aber ich ließ mich nicht von meinem Weg abbringen. Ich kämpfte um die verbale, väterliche warme Decke. Doch mein Papa blieb stumm. Woche für Woche. Kein Pieps kam aus ihm heraus. Die Monate vergingen, und man teilte mir mit, dass wenn mein Vater sich der Sprechtherapie weiterhin verweigern würde, man davon ausgehen müsse, dass das

Gehirn zu geschädigt sei, um ihn weiter in der Reha zu trainieren. Ohne Fortschritt keine Logopädie, kein längerer Reha-Aufenthalt. Ich hingegen wollte, dass mein Papa so lange wie möglich in der Reha blieb, denn nur hier gab es so intensive und engmaschige Therapien.

Abends in meinem Bett flehte ich mir einen Fortschritt regelrecht herbei. Ich kenne meinen Papa. Ich war mir sicher, dass er heimlich versuchen würde, zu sprechen, sich aber zu sehr schämte, es laut zu tun. Wie schaffte ich es nur, dass er diese Scham beiseitelegte? »*Blume!* Papa, *Blume!*« »*Hexe!*« »*Fee!*« »*Baum!*« Nichts.

Nach einer erneuten erfolglosen Memory-Runde packte ich das Spiel ein. Es war der 12. Juni 2016. Ich trat an das Bett meines Vaters heran und sagte: »Papa, ich habe morgen Geburtstag. Ich wünsche mir nichts Sehnlicheres, als dass du es versuchst. Sprich. Bitte.« Dann bin ich gegangen.

Ich schaffte es noch bis vor die Eingangstür, und dann liefen meine Tränen ungehindert meine Wangen herunter. Ich wischte sie weg und streckte mein Gesicht der untergehenden Sonne entgegen. Ich weiß noch, dass ein lauer Wind wehte. Ich gab ihm diesen einen Wunsch mit auf dem Weg.

»Racch Gutra mum gewurrach!«

Du schließt deine Augen, öffnest dein Herz
Suchst deinen Weg, trotzt allem Schmerz
Verloren im Leben, gefangen im Jetzt

aus: »Mehr davon«

Mein 33. Geburtstag begann anders, als ich es bislang gewohnt war. Normalerweise riefen mich meine Eltern an. Einmal kurz nach Mitternacht, um mir ein schnelles »Alles Gute« entgegenzuschmettern. Das zweite Mal meldeten sie sich mittags, wenn ich von meiner Partysause etwas ausgekatert war. Dann nahmen wir uns Zeit, um zu reden. Nach dem Tod meiner Mutter hielt mein Vater diese Tradition aufrecht. Dieses Mal aber blieb das Telefon still.

Heute sollte sich entscheiden, ob dieser Geburtstag, an dem die vertraute Stimme meines Vaters mich nicht am Telefon dreimal hochleben ließ, eine Ausnahme blieb oder zur neuen Regel wurde.

Mit diesen Gedanken im Kopf zog ich mich an und fuhr Richtung Leipzig. Auf der Landstraße nahm ich die wunderschönen, mittlerweile prächtig rot blühenden Mohnfelder wahr. Sie waren an diesem Tag wie ein Geburtstagsgeschenk für mich, schenkten sie mir doch ein Lächeln, ein Durchatmen und die leise Hoffnung darauf, dass alles schon irgendwie gut gehen wird.

Ich betrat das Zimmer meines Vaters mit einem freudigen Hallo, umarmte ihn, ging zum Tisch und öffnete eine Pulle Sekt. Da es keine Gläser gab, schüttete ich ihn in zwei weiße Porzellantassen. Ich hob die Tassen hoch, stellte mich aufrecht hin, atmete durch und sagte: »Und?«

Mein Papa drehte sich weg, schaute zum Fenster. Ich war sicher, dass er die aufsteigenden Tränen verbergen wollte.

Ich stand einfach nur da. Ich wartete.

Dann drehte er seinen Kopf zurück in meine Richtung und setzte sich etwas aufrechter hin. Ich hatte einen Riesenkloß im Hals. Kam jetzt der Moment, in dem er der Stille die Stirn bieten würde?

Mein Papa holte tief Luft, öffnete seinen Mund und sagte: »Racch Gutra mum gewurrach!«

Die Schwester, die sich zu diesem Zeitpunkt im Raum befand, schaute plötzlich auf. Nie hatte sie meinen Vater gehört, wie er auch nur einen Ton von sich gab. »Herr Kalze! Sie haben gesprochen! Das erzähle ich gleich den Kollegen!«, und schon war sie zur Tür hinaus.

Ich setzte mich neben ihn auf die Bettkante, nahm seine Hand und sagte: »Danke, Papa!« Glauben Sie mir, es war das schönste »Alles Gute zum Geburtstag!«, das ich je gehört habe. Ich kippte die Porzellantassen erneut voll. Das musste gefeiert werden!

Die Reha verlängerte sich um weitere Wochen, denn nun wusste man, dass mein Vater Wörter formen konnte und dass er fähig war, sie auszuspucken. Jetzt galt es, die Worte, die er verloren hatte, wiederzufinden. Neu zu erlernen.

»*Haus!* Papa, *Haus!*« Jepp, jetzt erst recht! Also packte ich das Memoryspiel wieder aus.

Mit der Zeit klappte es immer besser, und später saßen wir auch zusammen am Tisch und spielten richtig. Ich drehte die Karten um, und er versuchte, das Wort laut zu sagen. Auf der einen Seite trainierte er so, sich zu merken, wo die Karten lagen, auf der anderen Seite übte er das Sprechen. Und wenn zwei gleiche Karten aufgedeckt wurden, riefen wir im Chor »Hurra!«. Und mussten beide darüber lachen.

Wisst ihr, dieser Moment hat mir gezeigt, wenn du in ein Loch voll Scheiße gefallen bist und drohst, darin zu versinken, hält dieser Moment zwei Auswege für dich bereit. Tauche ab. Verschwinde. Für immer still. Oder hebe deinen Arm und ergreife die erste Sprosse auf der Leiter, raus aus der Scheiße! Stück für Stück.

Mein Vater ist halbseitig gelähmt. Einfach mal den Arm zu heben, um aus dem Loch rauszukommen, ist für ihn noch schwerer. Aber ich bin so dankbar, so unendlich dankbar dafür, dass er damals die Leiter gesehen hat. Wieder hat er mir klargemacht: Aufgeben ist keine Option. Auch wenn ich ihm für diese Erkenntnis unendlich auf die Nerven gehen musste.

Manchmal verdreht man nur einen Buchstaben – und schon ist der ganze Satz uriniert

Kommt ein Mann mit einem Papagei auf der Schulter in eine Bar. Fragt der Wirt: »Kann der auch sprechen?« Sagt der Papagei: »Weiß ich auch nicht!«

Ich greife nun etwas vor, aber ich möchte kurz zu Ende erzählen, wie es mit meinem Papa und der verlorenen Sprache weiterging. Als ich meinen Vater nach der Reha mit zu mir nach Hamburg nahm, übten wir fleißig weiter. Das war ein straffes Programm, und ihr könnt euch denken: Wer mit mir zusammenlebt, dem bluten nicht selten die Ohren. Denn reden kann ich von morgens bis abends. Ich bemühte mich aber, langsamer und gleichzeitig lauter zu sprechen. Und in seine Richtung gewandt.

Mein Vater hatte sein eigenes Tablet mit verschiedenen Lernprogrammen drauf. Die kamen spielerisch daher, ein bisschen wie ein Quiz. »Was hat Borsten und einen Stil?« Mein Papa klickte auf den Besen, und es machte »PING«! Richtig! Später konnte er sogar fehlende Buchstaben einsetzen. Zusätzlich zu den Online-Programmen gab es noch den berühmten »Aphasie-Koffer« mit Erklärbögen, Lesetexten und Spielkarten. Wir packten also nicht mehr für den Urlaub, sondern lernten Sprechen. Aber auch da gab es wunderbare Momente …

Und skurrile. Einmal waren mein Vater und ich im Auto unterwegs und gerieten in eine Polizeikontrolle. »Fahrzeugpapiere, bitte«, sagte der Polizist, und mein Vater, natürlich auf dem Beifahrersitz sitzend, blickte zu ihm herüber und antwortete: »Polizei, dummes Ei!« Ihr könnt euch denken, wie erschrocken und gleichzeitig glücklich ich war. Zugegeben, die Situation war nicht gerade einfach, aber wann sprach mein Vater schon mal mehr als zwei Wörter? Zumal in Reimform und mit so viel Schalk im Nacken.

Mein Vater grinste nur, und ich wusste: Er zog gerade seinen Behindertenjoker. Wie schlau war das bitte! Ich wollte dem Polizisten noch etwas von Hirnschaden erklären, lachte aber selber lauthals los. Wäre ich der Polizist gewesen, ich hätte unser Auto sofort nach Marihuana durchsucht oder uns ins Röhrchen pusten lassen. Aber warum auch immer: Er reichte mir die Papiere zurück und wünschte uns, na ja, »weiterhin einen fröhlichen und gut gelaunten Tag«.

Leider war es nicht möglich, mit meinem Papa über diesen Scherz zu sprechen. Wie gerne hätte ich gewusst, wie es sich anfühlte, die »Bullen« veräppeln zu können, ohne Angst vor den Konsequenzen. Sein Hirn spuckte solche Sachen einfach aus dem Langzeitgedächtnis aus, kramte es sozusagen aus seinen tiefsten Kindheitserinnerungen hervor, aber das bewusste Sprechen, das passierte woanders im Kopf, und da hatte mein Papa seine Baustelle. Mir machte die ganze Situation wieder mal bewusst, wie nah beides beieinanderlag, das Lachen und das Weinen, die traurigen und die glücklichen Momente.

Großes Glück hatte mein Vater auch mit seiner Logopädin, die dreimal in der Woche zu uns nach Hause kam und mit einer himmlischen Geduld und vielen verschiedenen Hilfsmitteln Wörter aus ihm herauslockte: Jana – ich liebte sie für diesen respektvollen Umgang mit meinem Vater.

Jana war eine der ersten Personen, die in die enge Verbindung zwischen mir und meinen Papa hineinrutschten. Und es war nicht so, dass es meinem Papa immer besser ging, je mehr Wörter er wiederfand, je leichter es ihm fiel, sich zu artikulieren. Ganz im Gegenteil, anfangs waren die Unterhaltungen zwischen den beiden sehr emotional, weil meinem Vater bewusst wurde, was es heißt, nicht zu können, wie man eigentlich möchte. Die körperlichen Beeinträchtigungen einmal außen vor gelassen, litt er besonders darunter, nicht einfach lossprechen zu können. Sich Dinge nicht einfach von der Seele reden zu können. Nicht einfach sagen zu können, was ihn bewegt.

Ich habe ihn oft dabei beobachtet, wie er versuchte zu erzählen, was er im Karnevalsverein gemacht hat. Welche Musik er gerne hört. Aber es ging nicht. Er stockte jedes Mal. Die Worte steckten im Halse fest oder schwirrten für ihn unerreichbar im Raum herum. Die Frustration und auch Wut darüber erschwerte vieles, besonders seinen Willen, weiterzumachen. Nach vorn zu blicken, kostete meinen Papa ungeheuer viel Kraft. Er sah nicht das neu gewonnene Wort, sondern die verlorene Sprache. Er freute sich nicht über den Fortschritt, sondern trauerte über den Verlust seiner Fähigkeit.

Ich brachte ihn gerne und oft in sein Bett, damit er zur Ruhe kam. Wenn er lag, dann atmete er durch, dann konnte er entspannen. »Gute Nacht«, »Guten Morgen«, »Bis später«, »Bitte« und »Danke«, das klappte schon ganz gut. Aber wir beide waren weit davon entfernt, unsere Gespräche zu führen, wie wir es aus früheren Zeiten gewohnt waren. Bis heute kam das nie wieder vor.

Er konnte auf Ja / Nein-Fragen antworten, aber etwas von sich aus mitteilen, das funktionierte nicht. Auch Dinge zu benennen, die er sah – Wasser, Messer, Käse usw. –, fiel ihm unfassbar schwer, und wenn er mal keine Lust hatte, damit konfrontiert zu werden, dass er das Sprechen nicht mehr so wie früher beherrschte, blieb er einfach still.

Es funktionierte ja auch ohne viele Worte. Weil ich da war und für uns beide sprach. Dass mein Papa nur noch auf einfache Fragen antworten konnte, hatte zur Folge, dass ich noch mehr redete, als ich es eh schon tat. Und dadurch verstand er zumindest, was ich sagte, und versuchte alle seine Lampen anzumachen, um mir zu folgen. Aber am Ende bleiben unsere Unterhaltungen absolut einseitig. Mein Vater hat das Sprechen fast eingestellt. An guten Tagen bekomme ich ein Ja oder ein Nein. An schlechten Tagen schüttelt er nur den Kopf oder nickt.

Natürlich vermisse ich die Gespräche mit meinem Papa wirklich sehr. Auch heute noch. Seine Stimme fehlt mir schrecklich, und wenn ich mir manchmal unsere Roadtrips auf Video ansehe, dauert es nicht lange, und ich werde traurig. Dann sehe ich, wie er war, mein »alter« Papa. Manchmal wünschte ich, ich könnte nur noch einmal, für einen klitzekleinen Moment in eines unserer Gespräche eintauchen. Aber was *war*, zählt nicht. Was *ist*, erfordert meine ganze Aufmerksamkeit und all meinen Optimismus.

Denn mein Vater und ich, wir reden trotzdem! Auf unsere Art, auch wenn man nur mich hört. Ich finde es faszinierend, wie verschiedene Formen der Kommunikation zusammenwirken, um Liebe und Zuneigung in zwischenmenschlichen Beziehungen zu vermitteln. Oder die bloße Bitte nach Spaghetti Bolo.

So reden wir über alles! Ich erzähle und schaue mir ganz genau an, wie er aussieht, wie er reagiert. Ich nutze Worte, Umarmungen, Handhalten und Lächeln. Er seine Mimik, Gestik, Körperhaltung und Augenkontakt. Blicke von ihm vermitteln mir, ob er zufrieden oder entspannt, wütend oder ungeduldig ist. Gefühle werden nicht nur durch Worte laut. Man kann sie sehen! Eine Art der Kommunikation, die wir beide finden mussten.

Manchmal sitzen wir still nebeneinander auf der Bank am Altonaer Balkon. Wir sprechen nicht, aber wir kommunizieren trotzdem. Die Leute würden sich schlapplachen, wenn sie es hören könnten.

6

PAPA KOMMT NACH HAMBURG

»Guten Morgen! Ich bringe Ihnen gleich die Bettpfanne!«, meint die Krankenpflegerin fürsorglich. Darauf der Patient: »Was? Muss man sich hier sein Scheißessen auch noch selber kochen?«

Hast du den Mietvertrag schon unterschrieben?« Das war das Erste, was mein Papa im Dezember 2007 sagte, nachdem er ein paar Schritte durch meine erste eigene Wohnung gelaufen war. Gerade angekommen im Reich der knarzenden Dielen, zog er zunächst eine Augenbraue hoch, als würde ihm wieder einfallen, dass es in der Welt der Altbauwohnungen deutlich mehr Probleme gab als nur abenteuerliche Bodenbeläge. Undichte Doppelfenster in spröden Holzrahmen zum Beispiel! Oder ein Bad in einer ehemaligen Speisekammer und ein kleiner

Balkon direkt an einer Straße, die auf die Autobahn führte und über die täglich Polizei, Krankenwagen, ein Haufen Motorräder und allerlei Bekloppte rasten. Das alles mitten im schönen Pankow. Die U-Bahn fußläufig. Genau so hatte ich mir meine Wohnung in Berlin immer vorgestellt. Mein Papa offensichtlich nicht. »Na, wenigstens ist es hier nicht so laut«, sagte er grinsend, während er auf meinem Balkon stand und aussah wie ein *Titanic*-Überlebender, der zum ersten Mal seit dem Unglück wieder an Bord eines Schiffes ging. Immerhin hielt er sich nicht an der Hauswand fest. Er vertraute also wenigstens schon mal der Bausubstanz. Nachdem er den ersten Schock überwunden hatte, zog er seinen alten, völlig fadenscheinigen Arbeitsanzug an.

Ich war nun zum ersten Mal nicht in Reichweite einer Armlänge. Oder in 15 Minuten bei meinen Eltern. Ich war knapp zweihundert Kilometer entfernt in der Hauptstadt! Hier zu leben, war nun das, wofür ich mich entschieden hatte! Ein frischer Wind wehte also durch die Straßen von Berlin und brachte eine junge Frau voller Träume und Tatendrang mit sich. Mit meinem Job beim Radio und als Musikerin würde ich finanziell schon durchkommen, dachte ich damals. Ich hatte Gigs, ich reiste viel als Reporterin, die GEMA warf Kohle ab. Da sind viele schon mit schlechteren Voraussetzungen im Winter nach Berlin gezogen.

Und mein Vater half mir, aus der »Grani« (so nannte ich liebevoll meine Bude, weil sie in der Granitzstraße lag) mein neues Zuhause zu machen. Witzigerweise kam am selben Tag wie er auch die Weinlieferung aus der Toskana an. Nicht dass wir uns die Wohnung schön trinken mussten. Ich denke eher an die schöne gemeinsame Zeit, die wir hatten. Wir saßen auf den Weinkisten (wer braucht schon Möbel), quatschten, was das Zeug hält, und freuten uns über die kleinen »Verschönerungen« (mein Papa nannte das Ganze »Renovierung«).

Am Ende hat er nicht einmal die Therme ausgetauscht – »Warum denn, ist doch noch gut?« –, sondern sie in stundenlanger Kleinarbeit mit einer Bürste sauber geschrubbt. Ich spürte, dass mein Papa Berlin liebte. Vielleicht hätte er sogar selbst gerne dort gelebt. Auf Höhe der Schönhauser Allee sagte er jedenfalls einmal zu mir: »Du bist jetzt mein Koffer in Berlin!«, und genau wie Marlene Dietrich antworte ich: »Deswegen musst du nächstens wieder hin.«

An all das dachte ich, als ich das neue, noch in Folie verpackte Pflegebett zigmal durch sein Zimmer in meiner Wohnung in Hamburg schob, bis es endlich perfekt stand! Ich wollte der Liebe und Hingabe meines Vaters gegenüber meiner Wohnung und meinem neuen Leben damals in Berlin in nichts nachstehen. Und so räumte ich seine Sachen in den neuen großen IKEA-Schrank, der auch ein bisschen als Abstellraum dienen sollte. Ich verstaute seine von mir ausgewählten Habseligkeiten in neuen Regalen. Ich quetschte und sortierte, denn er sollte so viel wie möglich von sich wiederfinden. Aber krieg mal 53 Quadratmeter Zeugs in zwanzig Quadratmeter rein. Ich hatte, wie ihr wisst, hart ausgemistet, stellte dann aber bei mir daheim fest, dass es immer noch viel zu viel war!

In meiner Wohnung stand plötzlich eine Wand aus Kisten und Krempel meines Vaters, die ich irgendwann gar nicht mehr wahrnahm. Mein Architekten-Ehemann, der Schränke ohne Griffe, glatte Oberflächen und eine minimalistische Einrichtung liebt, jedoch schon. Das sorgte für gewisse Reibungen.

Heute weiß ich, dass diese Wohnung auch mein Zuhause und das meiner Familie ist und dass man ein dickes Fell braucht, wenn man nicht nur den Schwiegervater, sondern auch Neunzigerjahre-Lampenschirme aufs Auge gedrückt bekommt. Ich wollte damals, dass meinem Papa Dinge ins Auge fallen, die ihn an gute Zeiten erinnern, ohne ihn traurig zu machen. Ein doppelter Trugschluss. Unsere Wohnung konnte nicht nahtlos sein Zuhause werden. Mein Vater hatte ja nicht nur seine vier Wände, sondern sein ganzes bisheriges Leben verloren. Inklusive die meisten seiner physischen Fähigkeiten! Daran mussten wir uns alle langsam gewöhnen. Ebenso wie an seine großen neuen Trainingsgeräte, das Motormed und allerhand andere therapeutischen Pflege- und Hilfsmittel, die ich beantragte und die Platz brauchten, aber nicht in sein Zimmer passten!

Ich weiß noch genau, wann ich die Entscheidung, meinen Vater zu uns nach Hamburg zu holen, getroffen hatte. Es war an meinem Geburtstag gewesen, an dem Tag, an dem er in der Reha all seinen Mut zusammennahm, um das erste Mal ein Wort zu sprechen. Es war der Tag, an dem ich im Zimmer des Arztes saß und mir anhören musste, dass mein Papa nie wieder ein Leben ohne fremde Hilfe führen könne. Dass er schwerbehindert war und bleiben würde, die höchste Pflegestufe bekomme, egal welche Fortschritte er jetzt noch in der Reha machen würde.

Wisst ihr, ich kam gerade aus dem Krankenzimmer meines Vaters. Hoffnungsvoll, dass er doch das Sprechen wieder lernen würde, dass wir uns bald wieder unterhalten könnten. Und dann kam dieser Arzt und schwang die Re(h)alitätskeule.

Bis heute denke ich darüber nach, ob diese Nachricht ein Geburtstagsgeschenk oder eine absolute Katastrophe war. Denn so hart es sich anhörte: endlich sprach jemand aus, womit ich es zu tun haben würde! Klare Ansage. Pflegeheim oder häusliche Pflege! Fertig! Mehr gab es dazu nicht zu sagen. Mein Vater war trotz seiner Fortschritte in der Reha offensichtlich so am Arsch, dass an ein Leben, wie er es früher geführt hatte, nicht einmal im Ansatz zu denken war.

Und da wachte ich auf und dachte an Berlin und wie mein Vater mir meine erste Wohnung schön und wohnlich gemacht hatte. Diesmal würde es eben umgekehrt sein. Nun half *ich ihm* bei seinem Neustart!

Stumme Tränen liefen mir über das Gesicht. Nichts würde mehr sein wie früher. Außer eines: Wir waren weiterhin Familie, und in meiner Familie gab es, was das anging, nur eine Antwort: »Häusliche Pflege«.

Natürlich geschah das nicht ohne Widerstand. Menschen, auf deren Rat ich gern verzichtet hätte, rieten mir ab. »Das macht deine Ehe kaputt!« »Denk doch mal an dich!« Sie meinten die Umrisse meines Untergangs in der

Ferne schon erahnen zu können. Ich empfand das als anmaßend und verletzend.

Und dann war es ausgerechnet mein Mann Arne, der mir Mut machte und sagte: »Hartmut zieht erst einmal zu uns! Unsere Wohnung ist groß, die Flure breit genug für den Rollstuhl. Wir haben einen Fahrstuhl und könnten aus dem Gästebad ein behindertengerechtes für deinen Papa machen!« Staunend sah ich ihn an. Ich war so dankbar für diese Worte und dafür, dass sie meinem Mann so einfach über die Lippen kamen.

Mein dreiunddreißigster Geburtstag begann also mit der Gewissheit, von nun an pflegende Angehörige zu sein. Happy Birthday!

... CAREy me home

»Steril ist steril, auch wenn es mal zu Boden fiel.«

Mein Leben als pflegende Angehörige begann mit drei Schnuppertagen. Üppig, oder? Noch in der Reha lief ich bei allem, was mit und an meinem Vater gemacht wurde, einfach mit. Bis zu dem Moment, wo mir aufmunternd ein feuchter Lappen in die Hand gedrückt wurde. Dann stand sie im Raum! Die glaube ich schwierigste Frage überhaupt: »Papa, ich werde dich jetzt waschen.« (Das war nicht neu, ich machte es regelmäßig.) »Untenrum.« (Sehr neu.) »Ist das o. k. für dich?« Als ich mich das sagen hörte, stellte ich fest, dass ich eigentlich nie darüber nachgedacht hatte, ob das auch für mich o. k. war?

Ich meine, nicht dass ich nicht bereits früher schon einige Penisse gesehen hätte. Ich war verheiratet und hatte auch vorher schon Beziehungen gehabt! Auch der Penis meines Vaters war in den letzten dreißig Jahren mal durchs Bild gehuscht, wenn er vom Bad ins Schlafzimmer geeilt oder sich am Strand unterm Handtuch umgezogen hatte.

Aber das hier war was anderes. Wenn die Tochter plötzlich zum Hauptpflegeanbieter für ihren Vater wird, dann kann das zu einer ziemlichen Rolle rückwärts führen. Stellt euch vor, der Vater, der einst der Beschützer war, findet sich plötzlich in der Position wieder, in der er seiner Tochter die intimsten Pflegebedürfnisse anvertrauen muss. Das ist schon ein krasser Wandel in der Superheldendynamik, oder? Meine Angst war: Was, wenn ich mit dem Lappen auch noch seine Würde wegwischte?

Unruhig wartete ich auf ein Zeichen von ihm. Sollte ich einen Witz einschieben? *Wer macht im Handumdrehen Po und Co, ich, die Fine, und zwar so.* Und wisch. Aber das kam mir ziemlich dämlich vor.

Mein Papa sah mich an, und dann nickte er schließlich. Es war ein freies Nicken, ein schönes, eines, das nicht von Scham begleitet war. Das nahm auch mir den Druck.

Es waren letztlich drei »Begleiter«, die mir geholfen haben, meine Angst zu überwinden: der Pflegedienst, dessen Unterstützung ich ab einem bestimmten Punkt besser annehmen konnte, das gute Verhältnis zu meinem Vater und dass ich die Dinge, die ich machte, mit ihm absprach, und natürlich eine gesunde Portion Humor.

Die war auch nötig, als ich meinem Vater später ein Urinalkondom überziehen musste. Das sind Kondome aus festerem Latex oder Silikon. Sie kommen bei Inkontinenz zum Einsatz und verringern das Risiko, sich Bakterien einzufangen, weil eben nichts in die Harnröhre eingeleitet wird, wie zum Beispiel bei einem Blasenkatheter. Eigentlich 'ne gute Sache, aber ich hatte so meine Probleme: Es rutschte ab, fiel mir aus den Händen, war zu klein, zu groß, oder es ging kaputt. Und wenn ich es ohne großes Gewese machen wollte, eher beiläufig und ganz fix, ging es meistens auch schief. Kurzum, Kondome abzurollen, wie soll ich es sagen, war vielleicht noch nicht meine Stärke. Aber wir hatten dafür oft etwas zu lachen – und ich die Gewissheit, dass man sich manchmal einfach trauen kann, auch wenn es sich im ersten Moment komisch anfühlt.

So begann also mein Leben als pflegende Angehörige. Sowohl in mir als auch im Außen traf ich alle Vorbereitungen, die ich für nötig hielt. Ich absolvierte diesen dreitägigen Schnupperkurs und dachte: »Na, wenn das alles ist ...«

Aber das war natürlich nicht alles. Längst nicht.

7

JETZT KOMMT DER HARTMUT

Gib mir n bisschen was von meiner Liebe
Gib mir n Gefühl von Geborgenheit
Zeig mir die Wirrungen meiner Seele
Dreh mich ein, ja ich bin dafür bereit

aus: »Du gibst mir Kraft«

Es war der 30. September 2016, 8:30 Uhr, in der Nähe von Leipzig. Der Mais auf den Feldern stand hoch, und ich folgte einem Transporter des Deutschen Roten Kreuzes. Gemeinsam bogen wir auf die Autobahnauffahrt der A14 und fuhren weiter Richtung Norden. In dem Rettungswagen vor mir saß mein Papa, sicher im Rollstuhl angeschnallt. Ich umgriff etwas zu fest das Lenkrad von meinem alten Mercedes Kombi und wollte so den aufsteigenden Tränen Paroli bieten. Ein süß-bitterer Cocktail aus Freude, Erleichterung, Angst und Trauer stand da in den Startlöchern.

Dieses Bild werde ich nie vergessen.

Früher hätten mein Papa und ich alsbald den Blinker gesetzt, um die Autobahn bei Halle zu verlassen. Um abzufahren, gen Heimat. Doch das riesige blaue Autobahnschild, auf dem »Halle Saale-Süd« steht, flog nun über meine Frontscheibe hinweg. Wir fuhren daran vorbei. Ließen sein Zuhause, sein altes Leben links liegen und fuhren ohne Umweg, ohne zurückzublicken ins Unbekannte Richtung Hamburg. Er hatte sich nicht verabschieden können, weder von seiner Stadt noch von seiner Wohnung und auch nicht von den Menschen, die in Halle lebten, seinen Freunden. Vor über sechs Monaten war er für eine, wie sagte der Arzt so schön: »Routine-OP« ins Krankenhaus gekommen und fuhr nun als Pflegefall in ein Leben, das nichts mit dem zu tun haben würde, was jemals zuvor war. Ich fühlte mich schrecklich. Meine Gedanken überschlugen sich. War das wirklich richtig? Habe ich das Recht, ihn einfach so zu verpflanzen? Würde es ihm bei uns gefallen? Werden wir zusammen klarkommen? War ich der Aufgabe und der Verantwortung gewachsen? Und warum überhaupt bekam ich jetzt diese Zweifel?

Gestern hatte ich meinen Papa noch in der Reha besucht, wir haben seine Sachen gepackt und waren glücklich darüber, dass es bald losging. Ich erinnere mich an den letzten Sonnenuntergang in Machern. Die Reha lag im Abendrot, durch die Luft zog ein leichter Wind, und der neue Morgen versprach so viel!

Doch was, wenn wir uns täuschten?

Der Abschied in der Reha war nicht ohne für ihn. Ich

brachte Pralinen und Rotkäppchen-Sekt als Dankeschön für alle mit, die mit meinem Vater zu tun hatten. Ein letztes Foto wurde geknipst. Doch mein Vater sah darauf nicht glücklich aus. Seine Augen waren verweint, sein Blick ängstlich. Das, was vor ihm lag, war die nächste große Unbekannte. Seine einzige Konstante in all den Monaten: ich. Ich spürte, dass er mir vertraute. Und damit wuchs auch in mir die Zuversicht, dass ich richtig entschieden hatte. Niemand von uns verlor seine Heimat. Meine saß da im Auto vor mir, so wie seine in dem Wagen hinter ihm fuhr.

Je näher wir Hamburg kamen, desto leichter und optimistischer wurde ich. Ich fühlte endlich Freude darüber, meinen Papa bei mir zu haben. Als beim Passieren des Ortsschildes »Hamburg« Adeles Song »Easy on Me« im Radio begann, habe ich schon überlegt, in welches Restaurant ich meinen Papa zuerst ausführen würde.

Woher nahm ich eigentlich ständig die Überzeugung, eine Veränderung zu händeln wäre in etwa so einfach wie Smarties zu sortieren? Autobahnschilder, Musik aus dem Radio und Lieblingsrestaurants – das klingt jetzt alles so easy. War es aber nicht, denn ehrlich gesagt mag ich Veränderungen an sich überhaupt nicht! Sie stressen mich. Ich habe aber gemerkt, dass es da für mich Unterschiede gibt! Sobald die Veränderung einen leichten Geschmack von »unmöglich« in sich trägt, kremple ich die Ärmel hoch. In meinem »Krieg ich hin!« steckt das Wort »Krieg«, und das steht ja irgendwie auch für Kampfgeist, oder? Und den hab ich! Die Aufgabe, einen perfekten Kreis ohne Hilfsmittel wie Zirkel und Co. aufs Papier zu zeichnen, würde ich natürlich auch ablehnen. Ich bin ja nicht blöd. Ansonsten aber bin ich immer bereit, mich den unerwarteten Angriffen des Lebens zu stellen. Meine Flexibilität ist so groß, dass jeder Schlüppergummi neidisch werden würde! Und genau mit dieser Einstellung, würde ich meinen neuen Alltag als *Pflegende Angehörige* schon schaffen! Jawoll!

Der Transporter bog in meine Straße, parkte am linken Straßenrand, ich direkt dahinter. Uff! Geschafft! Hamburg Altona! Der Mitarbeiter vom DRK schnallte meinen Papa ab und rollte ihn langsam rückwärts die kleine Rampe runter. Ich umarmte meinen Papa und sagte: »So, da sind wir!« Ich schob ihn entlang der Häuserwand Richtung Eingangstür. Lustigerweise gibt es dort ein Graffiti, das da lautet: »Jetzt kommt der Hartmut!« Es gehört zu dem Kinderbuchverlag im Nachbarhaus, »Hartmut« ist offensichtlich eine Figur aus einem der Bücher. Und er sorgte für das erste Lächeln meines Vaters im Norden Deutschlands. Der Satz sollte das Motto der nächsten Wochen sein. Denn mein Papa Hartmut würde hier alles auf den Kopf stellen!

Elternzeit, nur andersrum

Deine Hände sind mein Zuhause
Deine Augen sind meine Welt
Die alten Lieder singe ich voller Energie
Auch wenn ich weiß dass
Meine Heimat fällt

aus: »Im Sommer stirbt man nicht«

Als ich meinen Vater in unsere neue Wohnung schob, war ich sehr nervös. Er kannte die alte Wohnung meines Mannes in Eppendorf. Altbau und fast unterm Dach war das Stufensteigen immer gleich eine sportliche Betätigung. Diese Wohnung ist ein Neubau. Ein Fahrstuhl machte es uns leicht. Die Türen extra ein bisschen breiter, eine offene Küche zum Wohnzimmer hin, ein großes Bad mit Wanne und ein kleines, aber ausreichendes Duschbad mit einem Toilettenduschstuhl für meinen Vater. Außerdem drei Schlafzimmer, wovon eins nun für ihn war. Sicherlich sollten das mal Kinderzimmer werden, aber von diesem Gedanken waren wir alle gerade weit entfernt. Am meisten ich. Ein Büro mit Glastür sollte der Platz für meine frisch gegründete Kreativbude, eine Produktionsfirma sein, doch aus euch bekannten Gründen lag das erst mal auf Eis. Ich machte meinen Job bei *Kabel Eins* und packte die Musik und meine Träume erst einmal zur Seite. Ich hatte meinen Jahresurlaub genommen, damit wir uns alle in die neue Situation einfinden konnten. Elternzeit! Nur andersrum.

Ich zeigte meinem Vater sein Zimmer, und ich war ihm so dankbar für sein Lächeln. Sein Pflegebett, ausgestattet mit allem (Galgen, Rausfallschutz, elektrisch verstellbare Rückenlehne, Klingelknopf), genau wie in der Reha, stand bestückt mit großen Kissen und dicker Decke frisch bezogen vor ihm. Am Fußende lag seine flauschige Tagesdecke aus seinem Schlafzimmer in Halle, und seine Hausschuhe standen vor dem Bett. Ein neuer großer Kleiderschrank beherbergte seine Sachen und auch ein paar Erinnerungen.

Ich öffnete ihn und zeigte, wie beziehungsweise was ich alles sortiert hatte. Mein Vater liebt Ordnung. Dieser Schrank war ein kleines Wunder, so viel passte in ihn hinein. Und trotzdem sah er nicht vollgestopft aus. Ich griff nach seinem Anzug, den er auf meiner Hochzeit getragen hatte. Er lächelte. »Ich bin mir sicher, dass du bald wieder Anzug tragen wirst, Papa!«, sagte ich. Dann nahm ich sein altes, durchlöchertes Arbeits-T-Shirt, hielt es ihm vor die Nase und fügte hinzu: »Kannst dir sicher sein, ich hawwe nüscht verjessen!«

Auch die Sachen vom Karneval lugten hervor. Mein Papa nahm seine Narrenkappe vom Karnevalsverein »Rot-Weiß Halle« in die Hand. Sie war vorsichtig in Papier verpackt. Spätestens jetzt musste mein Papa mir glauben, dass ich wirklich an alles gedacht hatte. Auch zwei schöne Sideboards mit Schubkästen standen in seinem Zimmer. Darin verstaut Fotoalben, Dokumentenordner und seine CDs und Platten. Seine Stereoanlage war aufgebaut und ein »neuer« alter Fernseher hing an der Wand. Mein Vater liebte Fernsehen. Ich hatte leichte, bodenlange Gardinen und Vorhänge angebracht. Ein kleiner Pflegetisch stand direkt am Bett, auf dem die Fernbedienung bereit lag. Die Stehlampe war seine alte Wohnzimmerlampe.

Mein Papa besah sich alles ganz genau. Er fuhr mit dem Rolli an die Regale heran und schaute in die Kästen. Mit einem Blick, in dem alles lag – Liebe, Dankbarkeit, Trauer –, schaute er mich an, und ich sagte: »Ja, brauchst nicht zu fragen! Du hast den Mietvertrag schon unterschrieben!«

Er wusste genau, worauf ich anspielte. Er rollte zu mir, nahm meine Hand und drückte sie fest. Ihm kamen die Tränen, mir auch. Ich fühlte, dass er so viel sagen wollte, aber nicht konnte. Doch das machte nichts, denn wir hatten jetzt ganz viel Zeit dafür. Kein extra Irgendwohin-Fahren, um ihn zu sehen. Er war hier. Bei mir. Alles andere würde sich schon finden.

An dem Abend hatten wir auch unser erstes gemeinsames Abendessen, und ich besorgte alles, was wir liebten. Frisches Hack, Hausschlachtewurst, Kräuterquark, Räucherfisch, frische Zwiebelringe, Gewürzgurken, und es gab eine kleine Tomatensuppe à la Kalze mit frischer Petersilie und Eistich. Mein Papa hatte an seinem Platz eine Anti-Rutschmatte auf dem Tisch und ein spezielles Schneidebrettchen, das mit verschiedenen Nupsis versehen war.

Das kannte er schon aus der Reha. So konnte er geschickt Lebensmittel einklemmen oder aufspießen und nur mit seiner linken Hand zum Beispiel ein Brot schmieren.

Wir einigten uns darauf, dass er versucht zu sagen, was er wollte, egal wie es klang. Aber meinem Vater war es immer noch unangenehm zu sprechen, also verfiel er immer wieder ins Zeigen. Die ersten Abende haben auch Arne und ich nur mit der linken Hand gegessen, um selbst zu fühlen, wie schwer das war und welche Hindernisse da lauerten. Es war lustig, aber auch alarmierend. Rote-Bete-Schraubgläser waren unmöglich zu öffnen. Genauso Getränkeflaschen und Tomatenfischdosen.

Ich bestellte ein paar Hilfsmittel, die man unter der Tischplatte befestigen konnte, und spezielle Messer, die auf einem großen Brett mit Saugnäpfen befestigt waren. Da war zum Beispiel ein Schälmesser integriert. Mein Papa konnte somit, wie jeder gute WG-Mitbewohner, beim Kochen helfen und die Kartoffeln schälen, oder in seinem Fall: schnitzen. Aprikosen wurden mit einem anderen Messer halbiert und die Steine vorsichtig rausgefummelt. Das Ganze hatte gleich noch etwas von privater Ergotherapie!

Am ersten Abend kam dann auch schon unser mobiler Pflegedienst. All das, was folgte, kannten wir bereits aus der Reha. Zähneputzen und Nachtsachen anziehen sowie ihn aus seinem Rollstuhl ins Bett bringen. Mit Schwung und gekonnten Griffen lag er in seiner neuen Schlafstätte. Kissen stützten seine rechte Körperseite, und das Hochziehen der Bettgitter bedeutete, dass nun alles erledigt war.

Die Pfleger kamen jeden Tag zu uns. Sie kamen zu unterschiedlichen Zeiten, aber es waren immer dieselben. Dafür war ich sehr dankbar, denn so konnte eine Beziehung zwischen uns allen entstehen, und man hatte nicht ständig fremde Menschen in der Bude! Die ersten Pflegekräfte des mobilen Pflegedienstes waren so wichtig für uns alle! Sie erleichterten den Umgang mit der ganzen Situation enorm.

Und da lag er nun, mein Vater. Der Fernseher lief, und er schaute die Nachrichten. Da er die Fernbedienung handhaben konnte, entschied er, wann Schluss war. Ich setzte mich zu ihm. Er atmete tief durch und nahm wieder meine Hand. »Danke!«, flüsterte er. Ich legte meine Hand auf seine Stirn. So hatte er es oft bei mir getan, selbst als ich schon erwachsen und zu Besuch bei ihm war. Jetzt war ich es, die über seine Stirn strich. Dreimal und ganz fest. Das war unser Ritual.

Unser akuter Rollentausch fand seinen Höhepunkt in meinen mit Bedacht gewählten Worten: »Und denke dran, was man in der ersten Nacht in seiner neuen Bude träumt, geht in Erfüllung!« Das war genau das, was mein Papa mir nach jedem Umzug abends vor dem Schlafengehen am Telefon gesagt hatte. Ich wollte ihm damit zeigen, dass es okay war, wenn es jetzt andersherum war.

Am Ende des Tages war ich erleichtert und konnte es nicht so richtig glauben, dass mein Vater nun wirklich bei mir war und in seinem Bett vor mir lag. Zufrieden und ruhig. Ich drückte ihn, sagte gute Nacht und »Ich hab dich lieb, Papa!«. Als ich aufstand und gerade gehen wollte, hielt er meine Hand fest und sagte langsam: »Ich dich auch!«

Ich kann nur schwer beschreiben, was seine Worte in mir ausgelöst haben. Natürlich hatte ich bemerkt, dass wir hier nicht mehr klassisch Vater und Tochter waren. Ich bin ja wie gesagt nicht doof. Erst recht nicht auf Gefühlsebene. Dass sich hier ordentlich etwas verschieben würde, war klar! Aber es gab diese Momente in unserem Zusammenleben in meinen vier Wänden, und es gibt sie bis heute … Die Momente, die nur ein Vater so sagen kann, dass man sich wie ein geliebtes Kind fühlt. Und »Ich dich auch!« ist so einer.

Dass es nicht lange ruhig bleiben würde, war mir ehrlich gesagt nicht so klar. Ich war ja in der Reha nie über Nacht geblieben. Nachts kam kein Pflegedienst. Mein Vater klingelte aber, was das Zeug hielt. Also brachte ich ihn jede Nacht auf die Toilette. Ich schleppte ihn zigmal aufs Klo. Die Techniken und Griffe hatte ich alle gelernt. Das war kein Problem. Kräftezehrend war eher die Häufigkeit. Mein Vater musste erst wieder lernen zu müssen. Einzuschätzen, wann es wirklich so weit war. Sich ein Snickers aus dem Rücken zu drücken, fällt ihm noch heute schwer. Aber damals, zu Beginn unserer »besonderen Wohngemeinschaft«, hatte er schlicht und ergreifend im wahrsten Sinne Schiss, ins Bett zu machen. Denn das hätte ich sauber machen müssen. Und das wollte er mir ersparen. Aber ihr könnt euch vorstellen, wie viele Fehlversuche da ins Land gingen und wie kaputt und müde ich morgens aussah. Aber ich wollte, dass mein Vater wieder lernte, auf Toilette zu gehen, also konnte ich ihn nicht hängen lassen. Oder? Mein Gewissensgulasch zog sich Monate lang hin. Aber es kam der Tag, an dem ich ihn ansprach und sagte, dass ich das nicht schaffe und dass es mich zu sehr aus dem nächtlichen Erholungsschlaf riss. Nur wie fragte man seinen Papa, ob er sich eventuell vorstellen könnte, seinen Gruß nicht an die Stadtwerke, sondern in die Windelhose zu schicken?

Na ja, in meinem Falle genauso. Ich versicherte ihm, dass die Inkontinenzunterhosen, die er nachts trug, genau dafür gemacht waren. Ich zeigte ihm beispielhaft an einer, was die alles aushalten kann, und schüttete ohne Ende Wasser auf die Saugfläche. Mein Gott, ich war wirklich überrascht, was da alles reinpasste!

Wenn wir ehrlich sind, war das auch nicht neu für meinen Vater, denn heute weiß ich, dass kein Pfleger dieser Welt nachts Zeit hat, jeden Heimbewohner oder Rehapatienten fünfmal aufs Klo zu setzen. Da muss das Schamgefühl der Pflegebedürftigen ganz schnell weichen. Aber vor mir war das verständlicherweise etwas anders. Mein Vater wusste mittlerweile jedoch auch, dass ich ihn nicht darum bitten würde, wenn es nicht wirklich wichtig wäre. Und so geschah es, dass ich die Nacht nach meiner besonderen Bitte wieder nicht schlafen konnte. Nämlich weil es so ruhig war! Kein Klingeln. Kein Rufen. Ich schlich mich in sein Zimmer. Er schlief. Und so ging ich verwundert zurück in mein Bett und wachte erst auf, als der Pflegedienst klingelte. Sofort schaute ich nach meinem Vater. Er war bereits wach. Das wunderte mich, denn eigentlich klingelte er, wenn er aufwachte, ich gab ihm die ersten

Tabletten, und wir warteten zusammen auf den Pfleger. Aber heute schaute er mich nicht einmal an, hielt den Kopf stur zum Fenster gedreht. Und kurz darauf merkte – roch – ich auch, warum. Er hatte sich überwunden, mich nicht zu wecken.

Mein Papa hatte es innerhalb der nächsten Monate auch wieder geschafft, durchzuschlafen und sein Geschäft der morgendlichen Toilettenroutine anzupassen. So wie früher bei sich daheim.

Später fragte ich meinen Vater, ob er sich vorstellen könnte, es mal ohne seinen Blasenkatheter zu probieren. Zumal das Ding oft Ärger machte und mein Vater und ich öfter in der Notaufnahme im Altonaer Krankenhaus landeten, weil Blasenentzündung at it's best!

Er vertraute mir, und so gingen wir zum Urologen, ließen den Katheter entfernen und eilten schnurstracks zurück in die Wohnung. Ich scheute mich nicht, meinen Vater zigmal auf die Toilette zu setzen und führte eine saubere Strichliste. Ein Protokoll für den Urologen und den Pflegedienst. Als mein Vater das erste Mal wieder spürte, Wasser lassen zu wollen, rollten und rannten wir beide aufgeregt zum Klo. Mein Vater saß auf der Toilette, und wir waren mucksmäuschenstill. Und dann, was soll ich sagen: Es klappte! Ich jubelte! Mein Vater lachte und gleichzeitig schossen ihm die Tränen ins Gesicht.

Das war ein Sieg für sein Selbstwertgefühl und seine Selbstständigkeit. Wir übten also viel daheim, auch parallel zur professionellen Physio, Ergo- und Logopädie. Wir hatten das bereits erwähnte Motormed, eine Art Fahrrad, an das der Rollstuhl rangeschoben wird und somit Beine, aber auch Arme und Hände trainiert werden können. Und wir beantragten den Stehtisch, den er auch in der Reha hatte. Jeden Tag trank mein Vater daran eine Tasse Kaffee und schaute von dort aus »Rote Rosen«.

Er arbeitete an seiner Motorik, und bald räumte er rollend den Tisch ab und stellte die Lebensmittel allein in den Kühlschrank. Ich lief mit ihm eine Runde mit dem Stock durch die Wohnung. Wir versuchten uns im Treppensteigen. Mein Vater baute Muskeln auf und nahm zu. Wir gingen in Restaurants, fuhren zum Hafen, spazierten an der Elbe, empfingen Nachbarn und Freunde zum Essen und feierten auch mal die ein oder andere Party – die mein Papa nur ungern verließ, wenn der Pflegedienst dann gegen 0.00 Uhr klingelte.

Das Universum hat andere Pläne

»Was isst du denn da?«
»Eine Mehrgenerationen-Suppe!«
»Eine was?«
»Hühnerbrühe mit Ei!«

Wir kämpften auch mit Bandscheibenvorfällen und heftigen grippalen Infekten. Auch Lungenentzündungen hatte er mehr als eine, da mein Papa sich oft beim Essen verschluckte und somit kleine Partikel in den »falschen Hals« ergo in die Lunge bekam. Wir mussten lernen, ihn beim Essen nicht anzusprechen, damit er nicht beim Kauen versuchte zu antworten. Und so groovten wir uns mit der Zeit alle ein, auf ein Familienleben nicht mit Kindern, sondern mit einem schwerbehinderten Menschen, der manchmal Vater war und manchmal eben nicht.

Und vielleicht war genau dieses Zusammenleben mit meinem Vater in unserer Wohnung ein bisschen wie eine Vorbereitung dafür, mal Kinder zu bekommen. Ich habe geheiratet, als mein Vater gesund war, es war klar, dass mein Mann und ich irgendwann eine Familie gründen wollten. Ganz klassisch. Für mich stand aber erst noch meine Karriere an. Hey, ich war gerade mal dreiunddreißig, wurde bei *Kabel Eins* von der Schwangerschaftsvertretung zur neuen Moderatorin der täglichen Nachmittagssendung ernannt und hatte tausend Projekte, Ideen und Songtexte im Kopf!

Doch das Universum hatte andere Pläne und schickte mir die Pflege meines Vaters als erste Lektion in Sachen Fürsorge und Verantwortung. Und so schob ich auch den Wunsch meines Mannes, eine eigene Familie zu gründen, weiter vor mir her und glaubte, dass kräftetechnisch beides nicht zu wuppen sei. Ich jonglierte doch schon brennende Fackeln auf einem Einrad und sollte nun zusätzlich noch einen Sack Flöhe hüten? Pflege und Kinder? Nee! Ich versprach aber meinem Mann, dass ich mich sofort auf Kinder einlassen würde, sobald mir ein zusätzliches Paar Hände wachsen würde.

Mal im Ernst: Was mir mit der Zeit und während des Zusammenlebens mit meinem Papa von mir nahestehenden Menschen immer wieder ans Herz gelegt wurde und ich irgendwann auch selbst erkannt habe, war: Das Leben mit Kindern und die Pflege eines Angehörigen sind zwei völlig verschiedene Welten! Während meine süßen beiden Mädels wachsen, Fortschritte machen und mein Leben auf ihre Art krass bereichern – sie kamen natürlich, ohne dass mir noch 'ne Hand gewachsen war –, begleitete ich meinen Papa auf einem ganz anderen Weg. Einem Weg, der nicht von Entwicklung und Fortschritt, sondern von Hingabe und Wachstum (an den Aufgaben) geprägt ist. Und ja, natürlich bereichert er mich auch! Zum Beispiel an lebenswichtigen Erkenntnissen! Ich sehe, was ein Mensch wirklich braucht. Das sind keine 650 000 Follower in den sozialen Medien. Das sind Menschen, die dich von ganzem Herzen lieben.

Wenn ich ehrlich bin, habe ich mir früher immer gewünscht, in einem Mehrgenerationenhaus zu leben. Auch heute gibt es Nächte, wo ich davon träume, dass meine Eltern gesund sind und sich als Großeltern um die Enkelkinder kümmern, weil ich gerade auf Tour bin oder irgendwo im Studio. Ihnen Dinge mit auf den Weg geben, die man eben nur als Oma und Opa geben kann. Abends (okay, vielleicht nicht jeden Abend) sitzen dann alle an einem großen Tisch zusammen, man redet und lacht über den Tag. Jeder ist für den anderen da, und wir sammeln viele Erinnerungen, die wir später weitererzählen können. Eine herrlich romantische Vorstellung, die an der Realität gnadenlos scheitert.

Ich selbst lebe nun nicht in so einer Großfamilie. Das Leben hat mich auf eine andere Reise geschickt. Doch auch auf der wachse ich, und zwar nicht nur an der Windelgröße meines Vaters. Und wenn ich mir es recht überlege: Auch mein jetziges Leben weißt ein anderes Set-up von Mehrgenerationenprojekt auf. Mein Papa sitzt mit seinen Enkeln am Tisch. Er kann zwar nicht mit ihnen reden, aber sie erzählen ihm trotzdem alles. Pausenlos. Weil sie es gar nicht anders kennen. Einen festen Platz am Tisch haben auch die Pflegekräfte und Therapeuten, die – mehr oder weniger unsichtbar – in unserem Leben herumwuseln. Dazu noch mein Mann und ich – es scheint, als hätte uns das Leben eine Riesenüberraschung beschert.

Trotz all der Schwierigkeiten habe ich wohl eine besondere Art gefunden, meine Familie zusammenzuhalten und Erinnerungen zu schaffen, die an die nächsten Generationen weitergegeben werden können. Vielleicht ist das ja die echte Lebenskunst … mit einem Hauch von Improvisation und einer Prise Humor das Leben so nehmen, wie es sich anbietet.

8

HARTMUTS NEUE FREUNDE

Freundschaft ist, wenn Bekloppte mit Bekloppten noch bekloppter sind.

Ein Rollstuhl ist richtig belastbar. Hinten an den Griffen ist Platz für Beutel. Dieses Mal hatten Regina und ich aber versehentlich zu viele Schnäppchen im Supermarkt eingekauft. Wir wollten nur ein bisschen was besorgen, aber Regina erkannte Sonderangebote schon von weitem und empfahl mir, unbedingt diese drei Kilo Hack mitzunehmen, weil wir die restlichen zwei super einfrieren könnten.

Auch mein Papa zeigte beim Lebensmitteleinkauf gerne auf das, was er mochte. Spaghetti zum Beispiel. Na, und wenn Barilla die »Nudle« (so sagte Regina immer) für 88 Cent raushaute, dann musste da schon 'ne Palette mit! Und die »Kartoffle« sahen so gut aus, dass der Gedanke an ihre leckere polnische Kartoffelsuppe das Gewichtsproblem des Fünf-Kilo-Sackes verdrängte. Erst am Ende, als sich auf dem Schoß meines Papas die Lebensmittel türmten und er versuchte, alles mit einer Hand festzuhalten, als meine Schultern keinen Zentimeter mehr Platz boten, um noch etwas dranzuhängen, Regina die Hände voll hatte und die großen Beutel hinten am Rollstuhl allesamt mehr wogen als mein Vater, somit der Rollstuhl schon ein wenig nach hinten kippte, bemerkten wir, dass wir eventuell übertrieben hatten. Als zu guter Letzt dann auch noch ein wunderbarer Platzregen einsetzte und wir aufpassen mussten, dass die Papiertüten nicht aufweichten und sich der halbe Supermarkt auf der Straße verteilte, wurde mir bewusst, wie dringend ich jemanden wie Regina brauchte! Nämlich, um am Ende nicht völlig durchzudrehen. Ihre gute Laune und ihr Optimismus sollten noch viele graue Tage aufheitern.

Hätten mein Papa und ich sie nicht bei uns gehabt, dann wären wir zwar in dem Moment zehn Kilo leichter gewesen, hätten es aber in allem anderen unfassbar viel schwerer!

Es war November 2016 und ich gerade auf dem Weg zum Bahnhof Altona. Dort hatte ich mich mit Regina und ihrer Tochter Annetta verabredet.

Ein paar Tage zuvor hatte ich zum ersten Mal im Leben eine Stellenausschreibung bei ebay Kleinanzeigen veröffentlicht: *Pflegerin für Schlaganfallpatienten gesucht, gute Deutschkenntnisse und Lust auf WG erforderlich!* Kaum hatte ich sie hochgeladen, bekam ich eine wirklich liebe Anfrage von Annetta, die im Namen ihrer Mama Regina schrieb. Regina suchte einen Pflegejob in Hamburg, da ihre Töchter hier lebten und so die Familie wieder näher beisammen sein könnte.

An dem verabredeten Treffpunkt angekommen, kamen beide sofort auf mich zugelaufen, und das Erste, was mir auffiel, war das Megalächeln in ihren Gesichtern. Ich fand großartig, dass sich Annetta für ihre Mama auf Jobsuche begab, und irgendwie mochte ich dieses Mama-Tochter-Gespann, das da auf mich zulief, vom ersten Augenblick an. Wir gingen zu unserer Wohnung und quasselten unterwegs, als würden wir uns schon lange kennen. Ein Zimmer unserer Wohnung – mein ehemaliges Büro – hatten wir inzwischen freigeräumt. Es stand von Anfang an fest, dass ich für meinen Papa jemanden zusätzlich brauchte, der oder die mir bei der Pflege half. Der Pflegedienst kam zwar morgens und abends, aber das reichte nicht, denn ich hatte ja auch noch meinen Job.

An diesem ersten Tag saßen Regina, Annetta, mein Vater und ich am Tisch, tranken Kaffee und verstanden uns super. Regina erzählte von einer älteren Dame, die sie viele Jahre begleitet hatte und die vor ein paar Wochen leider verstorben war. Sie sagte auch, dass sie noch nie einen Mann gepflegt habe, sich das aber auf jeden Fall zutraue. Regina ist mehr als einen Kopf kleiner als ich und somit zwei Köpfe kleiner als mein Papa, was natürlich nicht auffiel, da er ja im Rollstuhl saß. Sie begegneten sich quasi auf Augenhöhe. Zudem hatte Regina Kraft, das konnte ich sehen und so zögerte ich keine Sekunde.

Die Zeit mit Regina war die schönste Zeit in der Pflege meines Vaters. Regina hatte vor nichts Angst und keine Zweifel, was meinen Papa betraf. »Hartmut schafft aaahles!« und »Hartmut weiß aaahles!«, war ihr Motto, mit »Issa schaaalau!« lobte sie seine Klugheit – und manchmal auch seine schelmischen Tricks. Regina ist ein absoluter Familienmensch, meinen Papa und uns hat sie so toll begleitet. Zu Ärzten, zu Therapeuten, in den Urlaub, in die Notaufnahme.

Regina verstand sofort, dass mein Papa komplett an unserem Leben teilnahm. Aber beide machten mit der Zeit auch ihr eigenes Ding. Sie hatten ihren Tagesablauf, und schnell kannte unser Kiez dieses Zweiergespann, das jeden Tag draußen anzutreffen war. Regina ging mit meinem Papa nicht nur einkaufen, sondern auch ins Café oder zum Barbier. Sie schmiss den Laden mit derselben Leichtigkeit, wie sie meinen Papa von A nach B transportierte.

Diese kleine Frau hat meinen Vater gestemmt! Egal, in welcher Lage. Ich bin mir sicher, Regina wurde mir geschickt! Denn sie füllte auch ein anderes Loch in meinem Leben. Ich konnte mit ihr über alles reden, was ich früher vielleicht mit meinem Papa bequatscht hätte. Ich habe auch vor ihr geweint, wenn es mal anstrengend und schwierig war. Dann nahm sie mich in den Arm, sprach mir Mut zu. Wenn mein Vater litt, zum Beispiel bei der Blutabnahme, weil man die Vene nicht traf und zig Mal pikste, oder wenn er im Krankenhaus lag, dann litt sie mit ihm. Beim »Mensch ärgere dich nicht!« ließ sie ihn nicht absichtlich gewinnen, enttarnte seine Schummelversuche und ließ ihn laut wissen, dass sie nicht doof sei. »Hartmut, nich bescheißen!« und zack wurde das Männchen dahin zurückgestellt, wo es eigentlich stehen musste. Mein Vater grinste nur.

Ich mochte, dass sie mit ihm sprach wie mit einem erwachsenen Menschen. Ich liebte es, wie sie mit Hilfe des Aphasiekoffers und den darin enthaltenen Kartenspielen und Lerntexten mit meinem Vater das Sprechen trainierte, weil sie so gleichzeitig ihr Deutsch verbessern wollte. »Ein Mann kocht Nudle!« Mein Vater schüttelte den Kopf! »Nuudellnn!«, antwortete er. »Ach, isse egal ob Nudle oder Nudeln, Hauptsache es schameckt!«

Regina kochte klasse und hatte die ganze Palette der polnischen Küche drauf. Kohlrouladen und saure Gurkensuppe waren mein persönliches Regina-Lieblingsessen. Wenn sie nach ihrer Erholungszeit zu Hause in Polen wieder zu uns nach Hamburg kam, war der Kühlschrank voller leckerer Wurst und der Honigvorrat garantiert. Wenn jemand krank war, gab es Hausmittel. Sie schwor auf Kohlblätter und legte sie bei egal welchen Schmerzen auf. Mit einer Zigarette und einem Kaffee in der Hand, stand sie morgens vor allen anderen auf dem Balkon. Egal bei welchem Wetter, egal wie kalt. Danach wusch sie sich immer die Hände und lutschte einen Pfeffi. Perfekt!

Mein Papa vertraute ihr total. Wir alle. Einmal verriet mir Regina, wie erschrocken sie beim ersten Anblick meines Vaters gewesen war. Reginas Mann war durch einen Autounfall verstorben, als sie selbst noch eine junge Mutter war. Und er sah meinem Papa wohl recht ähnlich. Ich sage ja, ich glaube an Zeichen!

Ihre Tochter Annetta schrieb mir einmal, ich sei für Regina wie eine vierte Tochter gewesen. Und ganz ehrlich, ich hatte auch das Gefühl. Regina war ein Geschenk des Himmels und den bewohnt ja schließlich meine Mama.

Sie verstand rasch, was mein Vater mir bedeutet und welche Geschichte wir haben. Sie besaß auch diese Fähigkeit, die du dir als pflegende Angehörige von ganzem Herzen wünschst, nämlich »das Beste« zu geben. Als wäre es die eigene Familie. Reginas Mutter ist weit über neunzig, und wenn es Probleme gab, war sie stets für ihre eigene Familie da. Das hat mir gefallen. Wir waren aus demselben Holz. Trotz Trubel und Wuselei um meinen Papa behielt sie »Iieeemaa mit de RRuhe!« den Durchblick.

Ein Stück Freiheit

Gib mir n bisschen von meiner Freiheit
Führ mich n bisschen näher ans Licht
Zeig mir Dinge die nicht nur schön sind
Weil die Wahrheit eh immer
dem Fluss entspringt

aus: »Du gibst mir Kraft«

An unserem Balkon haben wir eine Wendeltreppe als Feuerleiter. Ständig stehen da unsere Nachbarn, die längst Freunde sind, mit irgendetwas Leckerem in der Hand und verwandeln unseren Balkon in eine Gemeinschaftsterrasse. In dieses Leben wurde Regina schnurstracks mit einbezogen. Doch immer zog sie sich am Ende des Tages, wenn mein Papa für die Nacht versorgt war, diskret zurück und las in ihrem Bett Liebesromane, bis sie einschlief. Sie hatte es drauf, präsent zu sein, wenn es drauf ankam, und fühlte auf der anderen Seite, wenn es Momente gab, in denen auch mein Kopf Pause brauchte vom Zusammenleben mit meinem Papa.

Alles, was wir als Familie zusammen unternehmen wollten, war möglich, weil sie da war. Und sie sorgte dafür, dass die Zeit mit meinem Mann nicht völlig zu kurz kam, denn ein Leben zusammen mit dem Schwiegervater und seiner Pflegerin in den eigenen vier Wänden, Zimmer an Zimmer, ist nicht jedermanns Sache. Da hatte sie einfach recht.

Aber auch für Arne war Regina zur Bezugsperson geworden. Wenn er mich nicht verstand, ließ er es sich von ihr erklären. »Aaannee, musste verstehen, liebtse Hartmut! Is der Vatta! Töchter haben se imma besondere Beziehung zu Papa! Brauchen se Zaaaait!« Durch Regina bekamen mein Mann und ich trotzdem wieder ein Stück Freiheit zurück. Wir konnten ausgehen, in den Urlaub fahren, mit dem Camper losdüsen und versehentlich schwanger werden!

Ein paar Jahre später begleitete Regina uns auf einem dieser Urlaube. Von Hamburg aus ging es mit dem Wohnmobil nach Biarritz und dann sechs Wochen an der französischen Atlantikküste lang. Meine Töchter waren ein und drei Jahre alt. Während ich im Wasser war und zum ersten Mal in diesem »neuen« Leben wieder Zeit zum

Surfen hatte und wirklich jede Welle ritt, die ich kriegen konnte, kümmerte sie sich um meine Mädels, als wären es ihre eigenen Enkelkinder. Heute noch fragen beide nach ihr und rennen ihr laut in die Arme, wenn Regina uns besucht. Regina hat einen Platz in meinem Herzen und gehört für mich auch zu meiner Familie.

Regina machte den Anfang, aber sie blieb natürlich nicht die einzige Pflegekraft. Im Lauf der Jahre lernten wir viele neue Menschen kennen, die sich um meinen Vater kümmerten, und einige von ihnen waren irgendwie auch wie Therapeuten für mich. Ich fühlte mich nicht mehr allein. Ich fühlte mich nicht mehr verloren im Krankheitsbild meines Vaters. Ich hatte Rat und bekam ehrliche Meinungen. Sie akzeptierten meinen Papa so wie er war, sie wussten ja nicht, wie er vorher gewesen war.

Ich schaute mir von den Therapeuten meines Vaters Sachen und Verhaltensweisen ab. Wie sie mit ihm umgingen. Sie sprachen langsam und lauter. Durch sie habe ich Geduld und Gelassenheit neu oder sagen wir überhaupt kennengelernt. Sie akzeptierten schlechte Tage und feierten die guten. Es gab genug Tage, an denen auch mein Papa keine Lust auf Therapie hatte und auf Durchzug stellte. Und es war o.k. Absolut o.k. Denn zum Menschsein gehört eben auch genau das dazu, die berühmten »Null Bock auf Nichts-Tage«.

Konny, Papas Physiotherapeutin, war auch so ein Mensch, den ich aus unserer Geschichte nicht mehr wegdenken kann.

Eine kleine, zarte Frau, bei der ich dachte: »Wie um Himmels willen will sie denn meinen Papa von rechts nach links bewegen?« Aber Konny schaffte das. Wenn mein Vater auf der Therapieliege lag und dachte, alles gegeben zu haben, machte sie ihm klar, dass da noch Luft nach oben war, ganz wortwörtlich *und* im übertragenen Sinn. Sie holte wirklich alles aus ihm raus, was möglich war. Und mein Papa fand sie super.

Oft fragte ich mich insgeheim, ob mein Papa Konny unter »normalen« Umständen zum Café eingeladen hätte. Keine Ahnung. Aber ich hätte es gut gefunden.

Auch ich gehe ab und an einen Kaffee mit ihr schlürfen. Dabei sagte sie mir einmal, dass mein Papa das alles mitmacht, weil ich dahinterstehe. Ich sei sein Antrieb.

Wisst ihr, mit meinem Papa ist es manchmal so, als säße er in einem kaputten Auto. Es kann zwar irgendwie noch fahren, aber leider hat er keinen Zündschlüssel, um die Klapperkarre in Bewegung zu setzen. Aber ich hab den! Und ich dreh den Schlüssel rum und hoffe, dass die Kiste anspringt. Das tut sie und dann zuckelt sie mit meinem Vater drinnen los, und zwar genau so lange, bis ich den Schlüssel wieder ziehe.

Konny legte mir ans Herz, mich nicht im Leben meines Vaters zu verlieren, und erklärte mir, was ich wirklich erwarten durfte und was nicht. Ich weiß noch, dass ich sie fragte, was sie vom Therapieschwimmen halte. Sie sagte: »Schwimmen täte *dir* gut!« Ich verstand, was sie damit meinte. Ich durfte mich selbst in dem Ganzen nicht vergessen. Also ging ich schwimmen. Allein.

Im Nachhinein kann ich es manchmal nicht glauben, aber egal ob Regina, Logopädin Jana, Physiotherapeutin Konny, Ergotherapeutin Sarah oder auch seine Hausärztin Frau Dr. Bayer – jede von ihnen war ein Volltreffer! Ich ahne, dass das nicht normal ist und dass einige Menschen lange suchen, um für ihre Situation eine gute Betreuung zu finden und sich gut aufgehoben zu fühlen. Ich denke manchmal, wir hatten ein Riesenglück, an diese wunderbaren Menschen zu geraten, die ihren Job mit einer großen Leidenschaft ausübten. Mein Vater konnte sich ihnen nie wirklich richtig mitteilen. Doch irgendwie hatte ich das Gefühl, dass alle spürten, dass hier jemand Gutes vor ihnen sitzt. »Dein Papa hat da so ein Funkeln in den Augen!«, hatte Regina schon ganz am Anfang mal gesagt.

Ich werde auch heute noch dabei unterstützt, meinem Vater ein lebenswertes Leben zu ermöglichen. Die Dankbarkeit, die ich den Menschen gegenüber empfinde, die meinen Papa und auch mich begleiten, ist riesig. Sie ist oft mit einem Gefühl der Zufriedenheit und des inneren Friedens verbunden. Ich habe mal gelesen, dass echte, ehrliche Dankbarkeit dazu beitragen kann, das Immunsystem zu stärken. Die allgemeine Gesundheit und Lebensqualität also verbessert! Vielleicht steckt darin die Antwort, warum das Ganze hier nicht einseitig ist und nicht nur allein meinem Vater hilft. Ich tu was Gutes für mich, indem ich Gutes für meinen Vater tu.

Vielleicht ist es wirklich »so einfach«.

9

TOCHTER, THERAPEUTIN – UND WO BLEIBT DER REST?

»Ah hallo, Schwiegerpapi!
Wie lange bleibst du?«
»Ach, nur so lange, bis ich euch
auf die Nerven falle.«
»Was? Nur so kurz?«

Der Vater! Für viele von uns ein Art Superheld ohne Umhang, der (so sagt es das Klischee) alles dafür tut, um seine Tochter (!) auf ihrer Reise durch das Leben immer und überall zu beschützen.

Meiner hat schon ganz früh damit angefangen: Zuerst hat er die Monster unterm Bett vertrieben und war der beste Schaukelanstupser der Welt. Dann fuhr er mich und meine Freundinnen nach Berlin zum Backstreet-Boys-Konzert, wartete vorm Stadion und kaufte schon mal ein T-Shirt als Überraschung danach. Später holte er mich aus der »Palette« vom Tanzen ab, parkte natürlich ums Eck und fragte auch nicht nach dem Zwanni, der eigentlich fürs Taxi gewesen war.

Mein Vater war aber nicht nur der magische Held aus Kindertagen. Er wurde später auch ganz real zu meinem wichtigsten Ratgeber, dem ich absolut vertraut habe. Ob es um den ersten Job, die erste Wohnung oder die große Liebe ging – Papa hatte immer einen guten Tipp, eine helfende Hand und ein Luftgewehr parat. So ab dreißig wurde mein Vater mir dann zum weisen Mentor, der immer einen klugen Spruch auf Lager hatte.

An dieser Stelle endet die Entwicklung meines Superhelden. Jetzt, wo ich ein eigenes Leben und eine Familie habe, fehlt mir der Fels in der Brandung und der coolste Opa der Welt. Er wäre der beste Geschichtenerzähler mit einem riesigen Repertoire an »Als ich in eurem Alter war!«-Geschichten, die er für seine Enkelinnen abends am Bett parat hätte, während die Tochter mal kinderfrei durch die Weltgeschichte stromert.

Aber Pustekuchen. Mein Papa ist halbseitig gelähmt! Unsere Vater-Tochter Beziehung dadurch auch?

Anfangs war ich doch froh, dass ich die Male, an denen ich ihn bei uns daheim im Intimbereich waschen musste, an zwei Händen abzählen konnte. Nicht, weil es mir unangenehm gewesen wäre, sondern weil ich irgendwie Angst hatte, nicht mehr Tochter zu sein (sondern eben »nur« Pflegende). Und bei allem, was ohnehin an Neuem ständig auf uns einprasselte, wollte ich das doch immer bleiben dürfen: Tochter. Heute habe ich diese Angst jedoch nicht mehr, ich fühle mich durch die

Intimpflege nicht weniger als Tochter – das verwäscht sich.

Nein, Witz beiseite, ich möchte das gar nicht ins Lächerliche ziehen. Warum sollte ich keinen »Bilderbuchvater« mehr haben, nur weil ich jetzt diejenige bin, die sich um ihn kümmert? Ihn zur Toilette bringt, beim Anziehen hilft, beim Verrichten alltäglicher Dinge. Die ihn nicht allein lässt! Oder denken wir die Sache in unserer Gesellschaft einfach nur nicht richtig zu Ende? Wie sieht denn eine Vater-Tochter Beziehung aus, wenn die Heldentaten schwinden und die Superkraft nur noch für den Seniorenteller reicht?

Los! Begeben wir uns auf die Suche nach der Antwort meiner großen Frage: Bin ich noch Tochter oder längst Therapeutin?

Die klassische Vaterrolle ist doch irgendwie ständig im Wandel und voller Überraschungen. Und wer sagt, dass diese ausschließlich gut sein müssen? Mein Papa ist schwer erkrankt, aber die Beziehung zwischen ihm und mir bleibt bestehen, selbst wenn sich die Rollen umgekehrt haben und ich mich nun um meinen Vater kümmere. Aber ist das nicht der normale Lauf des Lebens, dass sich am Ende die Rollen vertauschen? Bei dem einen später, bei mir früher und krasser. Unsere Eltern benötigen im Alter wieder mehr Hilfe. Wer passt da auf wen auf? Wer reicht plötzlich seine helfende Hand? Wir »Kinder«. Aber würde man deswegen von sich sagen, keine Vater-Tochter-Beziehung mehr zu haben?

Die besondere Bindung zwischen meinem Papa und mir beruht auf tiefem Vertrauen, Liebe und gegenseitigem Respekt. Das hat sich über Jahre hinweg entwickelt. Auch wenn sich die Dynamik ändert, bleibt das stabile Erdgeschoss dieser einzigartigen Verbindung bestehen! Das verschwindet nicht, nur weil die Gehirnströme im Kopf meines Vaters nicht mehr so fließen. Im Gegenteil! Die Pflege stärkt die Bindung zwischen mir und meinem Papa noch mehr. Wir beide lernen uns auf neue Art und Weise zu unterstützen. Sicher, wenn bei mir mal was quer sitzt, spielt mein Papa keine ganz so aktive Rolle mehr, aber trotzdem kann ich Herausforderungen im Job oder wo auch immer stark gegenübertreten, weil ich so einen Vater *hatte* und wir so viel gemeinsam erlebt hatten.

Er boostert mein Wohlergehen, indem er versucht, jeden Tag bestmöglich zu meistern und den Schwierigkeiten, die er hat, seine Stirn zu bieten, anstatt den Kopf in den Sand zu stecken. Ich bin mir sicher, dass er das auch ein bisschen für mich tut. Also doch irgendwie Superheld. Und Vorbild! Na, wenn das nicht väterlich ist! Nur durch sein tägliches Kämpfen gibt es unsere Vater-Tochter-Beziehung überhaupt noch! Das ist seine »neue« Aufgabe als (mein) Vater. Er ist kein Opa, der seinen Enkelinnen auf der Schaukel Schwung gibt, während ich mal fix shoppen gehe. Sie schwingen sich selbst in die Höhe, und mein Papa und ich sitzen nebeneinander auf dem Spielplatz und schauen ihnen dabei zu. Glücklich darüber, dass die beiden überhaupt einen Opa haben und ich noch einen Papa.

Liebe und Fürsorge sind doch die Hauptpfeiler einer jeden gesunden Vater-Tochter-Beziehung. Dadurch, dass ich nun meinem Papa in seinem Leben helfe, drücke ich diese Liebe und Fürsorge auf eine neue, sehr direkte Art aus. Ich kaufe keine Blumen oder dunkle Schokolade, ich bestelle Bettschutz und Beinbeutel. Diese Pflege ist nur eine Fortsetzung der Liebe, die mein Papa mir mein ganzes junges Leben lang gezeigt hat. Ein Vater, der seine Tochter immer unterstützte, wird nun von ihr unterstützt. Das ist für mich eine neue Phase in einer langen, wertvollen Beziehung. Über eine simple Rollenzuweisung geht das »ganz einfach« hinaus. Die Pflege meines Vaters erfordert meinen Respekt und meine Anerkennung seiner Lebensleistung. Besonders die Achtung seiner Vergangenheit und das Annehmen der schwierigen Gegenwart helfen uns beiden, unsere Bindung zu bewahren und zu vertiefen. Egal wer wann, zu welcher Zeit oder in welchem Alter die Hosen voll hat – eine gesunde Eltern-Kind-Beziehung verliert nie ihre Essenz: Liebe!

Und deswegen – *Tata* – bin ich auch heute noch die Tochter. Sie ist also *nicht* einseitig gelähmt, unsere Vater-Tochter-Beziehung! Eventuell hinkt sie vielleicht ein ganz klein bisschen, weil im Gegensatz zu früher hier nicht zwei Personen um die Wette reden, sondern nur noch ich weiter gnadenlos auf meinen Vater einquassle. Ich erzähle ihm, was mich bewegt. Ich teile ihm meine Probleme und Sorgen mit. Ich *rede* mit ihm über mein Leben. Er *zeigt* mir mit seinen Blicken und Gesten, was er davon hält. Und auch wenn es nur ein kleines »Ja« oder »Nein« ist, was da kommt, ich habe gelernt ein Gespräch mit meinem Vater so zu führen, dass genau damit für ihn alles gesagt werden kann.

Ein Superheld kommt selten allein

»Wie ist denn so dein Sexleben?«
»Wie im Märchen!«
»Was, so toll?«
»Nee, es war einmal …«

So, und nun bastelt mal in diese Vater-Tochter-Kiste einen Ehemann rein! *Das* war meine wahre Challenge. Eine harmonische Balance zwischen Ehe und Pflege fand ich in den Jahren, in denen mein Papa mit uns in einer Wohnung lebte, eher nicht. Es drehte sich alles um Papa, und Arne akzeptierte das wohl oder übel. Die Eifersucht, die er nie offen gezeigt oder kommuniziert hat, die aber bestimmt manchmal in ihm schlummerte, habe ich größtenteils ausgeblendet. Mein Papa nahm so viel Raum in meinem Leben ein, natürlich beeinträchtigt das die eigene Liebesbeziehung. Aber wie teilt man Liebe und Zeit gerecht auf?

Ich hatte keine Ahnung. Und ich hatte ehrlich gesagt auch keine Lust, darüber nachzudenken. Denn ich war natürlich gestresst von der Situation, körperlich und emotional oft erschöpft. Denn auch wenn sich auf der einen Seite das neue Leben meines Vaters abzeichnete, war die Trauer über den Verlust des »alten« ständig vorhanden.

Für deinen Mann, der dich nicht traurig sehen möchte, sondern glücklich machen will, ist das nicht schön anzusehen. In dem Match zwischen Tochter und Ehefrau stand es somit gefühlt auch 100:0 für die fürsorgliche Tochter. Die noch frische Ehefrau aber verlor auf ganzer Linie, wurde so gut wie nie eingewechselt und verkümmerte auf der Ersatzbank.

Ja! Völlig richtig! Schande über mein Haupt! Mein Mann hatte es schwer. Ich sah das. Aber ich konnte mich noch nie gut auf mehrere Sachen gleichzeitig konzentrieren. Oder mein Herz aufteilen. Das sollte ich erst noch lernen.

Für uns alle war das eine Ausnahmesituation, und in der hat mein Mann sich bei der Verteilung von Aufmerksamkeit irgendwie automatisch hintangestellt. Und auch wenn mein Papa schon ein Jahr bei und mit uns lebte, so war das für Arne noch immer kein Alltag. Jeder von uns funktionierte erst einmal und meisterte den Tag zunächst, so gut es eben ging. Arne war ja sogar derjenige gewesen, der vorgeschlagen hatte, meinen Vater bei uns aufzunehmen. Als er dann da war, hielt er sich aber aus allem raus. Da hatte er auch gar keine andere Wahl. Denn nach wie vor glaubte ich allein zu wissen, was das Beste für meinen Papa war. Alle anderen würden mit ihren Ratschlägen ja sowieso nur mein Wohlbefinden im Blick haben. Oder das von Arne und mir. Und um keins davon ging es. Daran dachte ja noch nicht mal ich selbst. Nein, so weit war ich damals noch nicht.

Ich versuchte, Arne auch finanziell nicht zu belasten. Mein Vater sollte keine Angelegenheit seiner Geldbörse werden! Aber wie sollte das gehen, wenn nach einer Heirat der berühmte Euro nur noch fünfzig Cent wert war? Meine Kohle war ja irgendwie auch seine und anstatt sie mit Arne im Restaurant zu verjubeln, steckte ich sie in die Pflege meines Vaters. So jemanden musst du erst einmal finden, der das mitmacht und dir daraus keinen Strick dreht! Ich vermute, Arne hatte seinen Grund. Und ich vermute, er heißt auch in diesem Falle: Liebe!

Keine Blume, kein Schmuck, kein Liebessouvenir dieser Welt kann das vermitteln, was mein Mann mir durch den fast kompletten Verzicht seiner Bedürfnisse mitgeteilt hat.

Aber er sah in der Verbindung zwischen mir und meinem Vater auch, dass ich für die Familie – und zu der gehört er ja –, alles gebe! Nur eben war er gerade nicht derjenige, der »alles« brauchte.

In einem Streit sagte Arne einmal, dass ich eh meine Sachen und meinen Vater einpacken und gehen würde, wenn es mir reichte oder er nicht mehr »mitspielen« würde. Ich bin ehrlich: Trotz der Pflege meines Vaters und seines gesundheitlichen Zustands habe ich mich nie von meinem Mann abhängig gefühlt. Mit diesem Satz jedoch begann ein wesentlicher Grundpfeiler in mir gefährlich zu wackeln. Und zwar wieder die Liebe.

Wen ich mehr liebe? Mein Mann hat mich das nie gefragt, weil sich die »Liebe« zum Mann von der zum Vater natürlich unterscheidet. Aber mein Mann wusste auch ganz genau, dass wenn er mich vor die Entscheidung stellen würde: »Dein Vater oder ich!«, die Antwort eindeutig ausfallen würde. Nicht weil ich meinen Vater mehr liebe, sondern weil ich niemals mit jemandem zusammenleben könnte, der so eine Entscheidung von mir verlangt.

Eine Entscheidung musste dann trotzdem getroffen werden. Aber anders als gedacht.

Und noch eine Superheldin

Und ja ich weiß, es ist nicht leicht
Auf jetzt und uns und gute Vibes
Nach vorne sehen ist halb gewonnen
Gib mir noch mehr davon

aus: »Mehr davon«

Tränen rollten mir übers Gesicht, und ich höre mich heute noch den Satz sagen: »Ich wollte doch einfach mal drei Jahre Ruhe!« Mein Vater groovte sich in Hamburg ein, Regina machte, dass der Laden lief, und mit der neu gewonnenen Freiheit in der Tasche sah ich mich schon im Studio am Mikro neue Songs aufnehmen und mit dem Camper weiter durch die Gegend reisen. Ich wollte nach der ganzen Aufregung erst einmal keine weitere Veränderung und erst recht keine, die Auswirkungen auf mein komplettes restliches Leben hatte. Und die zwei Striche da auf dem Test, die wollte ich zu dem Zeitpunkt ganz sicher am allerwenigsten.

Meine Mama tot, mein Vater schwerbehindert. Dazwischen lagen knapp vier Jahre. Ich wollte durchatmen. Ich hatte keine Ahnung, wie ich die vor mir stehende Aufgabe – ein Kind zu bekommen, eine gute Mama und Ehefrau zu sein, meinen Papa zu pflegen und bei alledem meine eigenen Bedürfnisse, die laut an die Tür klopften, wieder hintanzustellen – hinbekommen sollte. Klar, nach meiner Hochzeit stand das Thema Nachwuchs für mich mehr im Raum als davor. Aber genau das schob ich mit der dicken Aufschrift »Irgendwann!« zur Seite. Und irgendwann war auf keinen Fall jetzt! Nee, das hätte noch Zeit bis in alle Ewigkeit.

Ich hatte tausend Ideen im Kopf, moderierte ein tägliches Magazin im Fernsehen, und die Songs sprudelten nur so aus mir heraus. Der Tag hat nun mal keine achtundvierzig Stunden und auch meine Energie kann nicht immer an der Hundertfünfzig-Prozent-Marke kratzen, vor allem nicht, wenn ich sie teilen soll mit meinem Partner und Kindern. Und überhaupt, wo sollte das Baby hin? Es war kein Zimmer frei! Was passierte dann mit meinem Vater? Ich sah mich schon die Pampers um meinen Vater wickeln und mein Kind in der Inkontinenzwindel schunkeln.

Zwischen all diesen Gedanken versuchte ich ruhig zu bleiben und mich daran zu erinnern, dass das Leben manchmal die wildesten Pläne für uns hat. Warum musste das ausgerechnet *jetzt* passieren? Warum habe ich nicht besser auf die Verhütung geachtet? Und überhaupt, müsste nicht mit der Pflege eines Angehörigen in den eigenen vier Wänden Schicht im Vaginalschacht sein? (Haha, muss gerade lachen … is echt prollig, wollte aber, dass ihr das lest.)

Kaum war an meinem Horizont Licht zu sehen und alles war ein bisschen leichter, gab das Leben mir also wieder eine neue Aufgabe. Doch dieses Mal ging die Sonne auf.

Ich war zu diesem Zeitpunkt 33 Jahre alt, hatte einen wirklich tollen Job, Papa gut versorgt und verheiratet mit einem Mann, der mich liebte und sogar diese Tränen der Angst, Zweifel und Überforderung trocknete. Dazu bereit, seinen Traum der »eigenen Familie« hintanzustellen und zu warten, bis ich bereit war, falls ich das jemals sein sollte. Ich müsste ja total bescheuert sein, mich *nicht* auf diesen Trip der ultimativen Liebe einzulassen! Zum Glück erkannte ich das auch!

Wisst ihr, obwohl ich ein absoluter Familienmensch bin, hätte ich mich wahrscheinlich nie dazu entschieden, Kinder zu bekommen. Weil ich mein Leben schon sehr nach meiner Nase lebte und nicht die Notwendigkeit sah, das zu ändern. Erst mit Arne ploppte der Gedanke an eine eigene Familie zum ersten Mal auf. Durch die Geschichte meines Vaters aber rückte das Thema Kinder wieder ganz weit weg. War ja klar, was aus dem Zimmer meines Vaters dann früher oder später werden musste …

Ich liebe meinen Papa über alles, aber was jetzt anstand, das war was anderes. Ich musste lernen, dass ich meinen Papa nicht verlieren würde. Dass ich mich durch die Entscheidung *für* mein Baby nicht auch gleichzeitig *gegen* ihn entschied. Das sind zwei völlig unterschiedliche Schuhe! Kleine, neue Babyschuhe und abgenutzte Hausschlappen meines kranken Vaters. Beide hatten ihre Berechtigung. Beide brauchten mich. Auf ihre jeweils sehr unterschiedliche Art. Und ich werde zwischen diesen zwei Paaren balancieren – eines, das aufbricht, um die Welt zu entdecken und eines, das bleibt, um mit Liebe begleitet zu werden. Ich schaffe das!

Ihr Lieben, *das* war bisher die herzzerreißendste und anstrengendste, aber auch schönste und wichtigste Lehre in meinem Leben.

Für die Zeit kurz vor der Geburt und das Eintreffen unseres Babys zu Hause gab ich meinen Papa zum ersten Mal in andere (aber wunderbare) Hände, nämlich in das Aphasie- und Seniorenzentrum in Vechta. Mit Hilfe der finanziellen Unterstützung der Verhinderungs- und Kurzzeitpflege verbrachte mein Papa acht Wochen mit genau auf ihn abgestimmten Therapien an hochmodernen Geräten. Ich bekam Fotos, wie mein Vater im Lauftrainer aufrecht auf einem Laufband lief und lächelte. Wie er munter auf einem Pferd in einem speziellen Sattel saß, wie er allein vom Rollstuhl in sein Bett übersetzte. Mehr hätte mein Papa mich nicht unterstützen können! Er wollte mir zeigen, dass er das, was da käme, schon hinkriegen würde. Genau wie ich. Das gab mir Kraft und beruhigte mich sehr.

Während ich also auf unser Kind wartete und tonnenweise Kellogg's Froot Loops in mich reinschaufelte, Arne Babybett, Wickelkommode und Nerven wie Drahtseile aufbaute, machte sich mein Vater in Vechta bereit für das Abenteuer Opa!

10

SILVESTER

»Wenn man zu Silvester um 23:58 Uhr und 42 Sekunden ›Schrei nach Liebe‹ von den Ärzten anstellt, dann ist das letzte Wort im alten Jahr ein laut gebrülltes ›Arschloch‹.«

Die letzten Minuten des Jahres 2016 waren angebrochen. Mein Papa und ich, komplett in Schale geworfen, machten ein Selfie, was neuerdings bedeutete, dass ich in die Knie gehen musste, um mit ihm auf Augenhöhe zu sein. Er trug ein weißes Hemd mit roter Krawatte und einen blauen Kaschmirpullover darüber. Ich hatte einen Glitzerfummel an und Luftschlangen um den Hals. Schillernde Girlanden hingen überall in unserer Wohnung, Luftballons flogen durch die Gegend, unser Wohnzimmer sah aus wie der Partykeller von Kim Wilde. Ein riesiges Buffet mit gefüllten Eiern, auf denen ein Klecks Kaviar thronte, Rote-Bete-Salat, Fingerfood zum Wegnaschen, auf dem Herd eine bereits warme Mitternachts-Soljanka. Das Raclette lief die letzten Stunden auf

Hochtouren, und die Fleisch-, Fisch-, Käse- und Gemüseplatten waren bereits leer, und vor uns auf dem Tisch standen Heringssalat und die Berliner bereit! In der Ecke leuchtete der Weihnachtsbaum, im Fernseher lief lautlos die Party am Brandenburger Tor, und so langsam organisierten sich alle Gäste ein Sektglas. Das Jahr 2016 würde in wenigen Minuten endlich vorbei sein!

Normalerweise liebe ich Silvester! Ich bin richtiger Silvesterfan! Dieser Tag schenkt mir immer das Gefühl, dass die Karten neu gemischt werden. Bis exakt 365 Tage zuvor war ich stets reinen Herzens und mit purer Freude in den letzten Tag des Jahres gestartet und habe es nie abwarten können, »Hier!« zu brüllen, wenn es um die Vergabe der neuen Chancen auf Karriere, Spaß und Liebe ging!

Ganz oben auf der To-do-Liste eines jeden Silvesterabends steht bestimmt bei vielen von uns das Zurückschauen und Reflektieren. Neue Vorsätze werden beschworen, und man hofft, dass das, was nicht läuft, endlich besser wird. Doch am 31. Dezember 2016 reflektierte ich nicht und ich wollte auch nicht zurückschauen. Ich hatte die Schnauze von dem vergangenen Jahr gestrichen voll und wollte nicht eine einzige Träne mehr vergießen. Wir hatten genug geweint. Ich wollte einfach nur, dass es vorbei war.

Ist das nicht interessant? Als ob in den ersten Minuten in 2017 schon alles anders würde. Nein, natürlich nicht! Aber der Zauber der letzten Sekunden des alten Jahres ist etwas ganz Besonderes. Dieses Gefühl gibt es in 365 Tagen für mich kein zweites Mal. Eine Mischung aus Stolz und Euphorie, das Jahr »geschafft« zu haben und heiß zu sein auf das, was nun kommt. Aber so richtig »heiß« auf das, was mir als Nächstes bevorstand, war ich in den letzten Minuten von 2016 eigentlich nicht. Eher so lauwarm, denn noch war ich mir ganz und gar nicht sicher, ob ich der Rolle der pflegenden Angehörigen wirklich gewachsen war.

Diese große Silvesterparty war die erste deftige Sause in 2016. Wir hatten das Jahr damit verbracht, zu funktionieren und uns irgendwie an die neuen Umstände zu gewöhnen und weniger damit, zu feiern. Es war, als würde sich etwas Angestautes entladen. Wahrscheinlich gab ich mir deshalb beim Ausrichten des letzten Abends im Jahr noch mehr Mühe als sonst. »Jetzt erst recht!« war mein Motto, während ich, typisch für mich, wie ein Wirbelwind und in einer Mischung aus Vorfreude und einem Hauch von Chaos alles vorbereitete. Als müsste jede einzelne Champagnerperle und jede perfekt gekringelte Luftschlange den Fortschritt bezeugen, den mein Papa in den letzten Monaten gemacht hatte.

Entsprechend früh hatte ich mit den Vorbereitungen – und mit dem »Prösterchen!« – angefangen, was zur Folge hatte, dass ich eigentlich die ganze Zeit angetüdelt war. Natürlich machte ich mir Sorgen, wie dieser Abend verlaufen und ob mein Papa überhaupt Bock auf die Feierei haben würde. Würde es ihn traurig stimmen, im Rollstuhl zu sitzen, während alle anderen wild herumtanzten? Würde er mich vor anderen trotzdem um Hilfe bitten, wenn er aufs Klo musste? Unterhielten sich unsere Gäste mit ihm?

Wie sich mit dem Eintreffen der ersten Freunde herausstellte, hatte ich mir völlig umsonst so einen Kopp gemacht. Mein Papa war von Anfang an mittendrin dabei, Teil der Meute! Von Berührungsangst keine Spur! Besonders glücklich war ich darüber, dass mein Papa am Kopf der Tafel saß und alle Gäste auf ihn einplauderten. »Hartmut, soll ich dir mal ein schönes Stück Filet grillen?«, fragte unser Nachbar Maik. »Noch Wein, Hartmut?«, fragte mein Mann und goss einfach unermüdlich nach. Meine Nachbarin Nicole drückte meinem Vater immer wieder Wunderkerzen in die Hand. Ihr Mann Andy stellte Fragen, auf die mein Vater klassisch mit »Ja« und »Nein« antworten konnte und Maiks damalige Freundin schaffte es sogar, dass mein Papa sich für einen kurzen Moment mit seinem Rollstuhl auf der Tanzfläche drehte.

Ich war so beruhigt und glücklich. Zig Sterne wirbelten um uns herum, der Vater-Tochter-Kosmos glitzerte nur so davon. Wir waren nicht allein. Besser hätte der Abend nicht verlaufen können! Das war eine Top-Partypremiere für die »pflegende Angehörige« und ihren »schwerbehinderten Papa«!

Und dann war es so weit. Wir standen alle mit einem ordentlich gefüllten Sektglas in der Hand zusammen. Der Fernseher war nun laut gestellt, und wir warteten darauf, dass der Countdown am Brandenburger Tor begann. Ich hielt in der einen Hand mein Glas und in der anderen die Hand meines Vaters. Zehn, neun, acht, plötzlich war da dieser Kloß in meinem Hals. Während alle die letzten zehn Sekunden laut runterzählten, schossen mir die Tränen in die Augen. »Happy New Year!!!«, schallte es durch die Bude, die erste Konfettikanone regnete auf meinen

Papa und mich nieder. Ich lag derweil längst in seinem Arm und heulte!

Als ich aufblickte, sah ich, dass auch er weinte und lachte zugleich. Genau wie ich. Wir hatten es geschafft! Wir hatten dieses Jahr zusammen gemeistert und es mit bunten Konfettibomben verabschiedet! Ja, es war alles anders! Aber es gab uns noch! Eine Welle an Herzlichkeit strömte durch unser Wohnzimmer, während draußen schon die ersten Raketen den Himmel erleuchteten. Jeder in diesem Raum war gerührt, die Reise meines Vaters hatten ja alle mitbekommen. Und die hatte manches Mal eben nicht so ausgesehen, als gäbe es am Ende was zu feiern.

Ich konnte es sonst kaum erwarten, so schnell wie möglich rauszugehen, um das Feuerwerk zu sehen. Dieses Mal war es anders. In Ruhe umarmte ich meinen Mann und meine Freunde. Hatte ich hier vielleicht zum ersten Mal einen neuen Zug an mir entdeckt? Gelassenheit zum Beispiel? Die Gewissheit, dass ich auch noch Raketen sehen würde, wenn ich erst zwanzig Minuten später die Terrasse betrat?

Mein Vater war für mich in diesem Silvesterrausch ein lebendiges Beispiel dafür, was alles in einem Jahr passieren kann. Dass wir alle zu keiner Zeit, an keinem Ort vor den Launen des Schicksals sicher waren. Dass es uns immer erwischen konnte, ohne Vorwarnung. Natürlich hätte ich mir gewünscht, dass es nicht ausgerechnet meinen Papa träfe. Und doch war gerade er es, der dieses Los vielleicht besser tragen konnte als andere. Oder wir beide zusammen.

Wo isser denn hin?

Denn ich bin froh dabei zu sein
Ich will lieben, lachen, streiten und weinen
Und das was uns glücklich macht

aus: »Du gibst mir Kraft«

Dick eingepackt in Winterjacken und Steppmäntel knallten wir wenig später auf der Terrasse unseres Nachbarn über uns das Jahr 2016 weg und begrüßten 2017. Nach einer Weile wollte ich meinen Vater schnappen und mit ihm wieder zu uns in die warme Bude. Es war echt saukalt draußen. Aber er war weg! Hä? Wo isser denn hin?

Ich lief in unsere Wohnung runter, aber da war er nicht. Meine Freunde, die sich bereits über Berliner, Heringssalat und Soljanka hermachten, hatten auch keine Ahnung. »Er war zuletzt mit uns im Fahrstuhl!« Mein erster Gedanke: »Oh Gott, hoffentlich ist er nicht versehentlich in die Tiefgarage gefahren und hängt dort fest!« Ich schaute nach, aber da war er auch nicht. Dann rief ich von unten laut durchs Haus, ob er mittlerweile irgendwo aufgetaucht war. Von oben kam: »Nein, Hartmut ist hier nicht!« Dann rief jemand aus der 1. Etage: »Sucht ihr Hartmut? Der ist bei uns!«

Was machte denn mein Vater bitte schön auf der Studentenparty im ersten Stock? »Er spielt Bier-Pong und trinkt gerade einen Becher aus!«, tönte es noch fröhlicher hinterher. Und tatsächlich! Als ich die Wohnung unserer Nachbarn im ersten Stock betrat, sah ich meinen Vater zusammen mit den Studenten, wie er versuchte, mit seiner linken Hand einen gelben Tischtennisball in rote Becher auf der anderen Seite des Tisches zu werfen. Und was soll ich sagen, er traf! Das gegnerische Team musste dann genau diese Becher austrinken. Sie waren randvoll mit Bier. Also ganz ehrlich: »Heeeerrr Kaaaalze, neeehmen sie maaal den gellllben Ball und werfen sie ihn rüüüüüber in die roooten Becher rein!« wäre auch eine schöne Übung in der Reha gewesen.

Keine zehn Minuten später waren alle Partygäste und Hausbewohner bei den Studis versammelt und feierten ausgelassen das noch frische neue Jahr. Ich fragte meinen Papa immer wieder zwischendurch, ob er genug habe vom Feiern und ins Bett wolle? Er aber schüttelte nur lächelnd den Kopf. Auch heute noch verlässt er nie als Erster eine Party!

Dem Pflegedienst hatten wir für den Silvesterabend abgesagt, Regina war in Polen bei ihrer Familie, und es war klar, dass ich an dem Tag meinen Papa zu Bett brachte. Irgendwann gegen 2:30 Uhr verließen wir die Party. Jemand drückte meinem Papa eine kleine Kamera in die Hand, und er wusste sofort, was zu tun war. Er hielt sie auf sich selbst gerichtet, und zwar so, dass man die Leute, die hinter ihm waren, auch gut erkennen konnte, und grinste. Die Bilder, die in dieser Nacht entstanden, sind für mich wahre Schätze! Sie zeigen feierwütige, gut gelaunte Menschen in einer Polonaise, angeführt von einem Mann im Rollstuhl!

Und so begleitete ich gegen 4:00 Uhr meinen Vater in sein Zimmer. An seinem Bett half ich ihm aus dem Rollstuhl. Ich genieße genau diesen Moment noch immer, weil wir uns dann beide halb aufrecht, halb gestützt gegenüberstehen und so manchmal ein Hauch von früher aufkommt. Wir drückten uns. Ganz fest. Ich sagte leise: »Gesundes neues Jahr, Papa!« Und er antwortete: »Dir auch!« Dann lag er im Bett, lächelte mich an. Ich fragte, ob ich die Musik leiser machen solle? Er antwortete: »Bloß nicht!« und lachte.

Ich ging zurück, ganz allein, auf unsere Terrasse. In der einen Hand hatte ich ein frisches Glas Rosé, in der anderen eine riesige Rakete! Ich hatte sie extra aufgehoben, für diesen, nämlich meinen Moment. Ich packte alle Wünsche, alle Hoffnungen und alle Ängste in diese Rakete. Ich gab ihr sogar einen Kuss. Dann steckte ich sie in eine herumliegende leere Flasche und zündete sie an! Während sie in den Himmel flog, exte ich meinen Sekt, und als sie explodierte, zerdepperte ich mein leeres Glas auf dem Boden. Dann sah ich in den Himmel und genoss das Funkeln und Glitzern. Ich atmete tief ein und dachte beim Ausatmen: »Komm her 2017! Ich bin bereit und lach dir ins Gesicht!«

11

»SPRINGER! – AHOI!«

»Was sagt ein Jeck, wenn er ein Gericht mit Fleisch bestellt?«
»Tatar!«

In meinem Schrank schlummert eine riesige Kiste mit Partydeko und Kostümen. Man könnte sie auch in den Keller stellen, aber das ist mir viel zu weit weg! So habe ich direkt alles zur Hand, wenn bei uns zu Hause die Stimmung mal wieder spontan steigt.

Ich bin aufgewachsen in einer Karnevalsfamilie! Meine Eltern waren in den Neunzigerjahren Prinzenpaar in Halle und Vereinsmitglieder im siebzig Jahre alten und natürlich schönsten Karnevalsverein »Rot-Weiß Halle!«

Selbstverständlich gibt es auch einen Schlachtruf! Man ruft laut »Springer!« und die Antwort folgt sogleich: »Ahoi!« Das Ganze bitte dreimal.

Mein Papa moderierte bis zu seiner Erkrankung viele Jahre durchs Programm der Karnevalsfeier, war im Elferrat, und meine Mama tanzte einige Jahre fröhlich im

Hexentanzballett. Mein Bruder versuchte sich sogar kurz mal bei den »Wolkenschiebern« (das Männertanzballett) und ich mich als Funkenmariechen, aber wir beide merkten sehr schnell, dass der wahre Spaß für uns beim Karneval der war, selbst auf den Putz zu hauen, während die Eltern unterwegs waren.

Mein Papa war immer sehr aufgeregt vor den Shows und fragte mich bis zur letzten Sekunde, ob seine Aussprache der englischen Musiktitel, nach denen die Funkengarde tanzen würde, richtig sei. Mein Papa war diesbezüglich absolut talentfrei, aber es war immer unglaublich amüsant, wie er sich daheim beim Proben einen abbrach. Ich liebte seine Ausdauer und dass er es unbedingt gut machen wollte. »Käpten Scheck und Trill Instraktor« wurde mit der Zeit zu »Käptn Tschäk und Frill Instrakter«, und ich fand das konnte man gelten lassen. Ich habe viele Veranstaltungen besucht, meinen Eltern zugejubelt, die Kussfreiheit zelebriert und eine Menge Spaß gehabt. Vor allem habe ich aber ganz viel mitgenommen für meine jetzige Karriere als Witzequeen im Internet. Ich erinnere mich noch, wie ich mit meinem damaligen Freund einen Abstecher auf die Aftershowparty des Vereins machte. Natürlich im Kostüm! Er als Krabbelkäfer, mit zig kleinen, am Körper baumelnden Beinchen und ich als voluminöses Weinfass. Mein Vater war begeistert – und überrascht! Diesen Move hätte er meinem Freund, der Karneval eigentlich nicht ausstehen konnte, wohl nicht zugetraut. Aber wenn ich eins kann, dann Menschen, die dachten, Karneval nicht zu mögen, dazu anzustiften, in einen verrückten Fummel zu steigen, die Scham über Bord zu werfen und sich einfach mal gehen zu lassen!

»Springer!«

»Ahoi!«

Ob mir das auch hier oben im »kühlen Norden« gelingen würde?

Es war Samstag, der 4. März 2017 und der dritte Tag nach Aschermittwoch. Also eigentlich längst »alles vorbei!«, aber ich pustete Luftballons auf, befestigte wieder Girlanden quer durch die ganze Wohnung und hängte Luftschlangen überall hin, wo noch Platz war. Beim Dekorieren dachte ich mit einem weinenden und einem lachenden Auge an meine Mama, die am Tag zuvor ihren fünften Todestag hatte. Ihr Motto »Eine gute Party braucht Deko!« setzte ich nur zu gern in die Tat um. Ich hatte mir Discoscheinwerfer besorgt, bunte Lichterketten und kaufte online im Sale Partyhüte, Klebebärtchen, lustige Brillen, Perücken und Kostüme, um etwas parat zu haben, falls jemand mit einer billigen Ausrede ankäme.

Mein Kumpel Jorma, der auch schon das weltbeste Essen zu meiner Hochzeit serviert hatte (es gab eine dreistöckige Torte aus Hack!, und damit hatte er sofort mein Herz!), tauchte als Panzerknacker vor meiner Tür auf und zauberte ein grandioses Buffet. Für eine gute Party war das ganz entscheidend!

Wir waren die Einzigen im Haus, die noch keine Einweihungsparty gegeben hatten. Mein Vater lebte nun schon seit knapp sechs Monaten bei und mit uns, und so langsam lief alles routinierter ab. Nach der sensationellen

Silvesterfete konnte man also auch schon mal in Richtung »Party feiern« nachdenken, oder? Ich hatte unsere Freunde und natürlich die Nachbarn eingeladen. Ich kontaktierte auch die Freunde meines Vaters. Da die eben zu neunzig Prozent Karnevalisten sind, lag es für mich irgendwie auf der Hand, eine Karnevalsparty zu veranstalten.

War es jetzt schon an der Zeit, meinem Papa mit der absoluten Humorkeule zu kommen? Ich versuchte ihm seine Gedanken dazu zu entlocken, verschwieg aber den Punkt, seine Freunde einladen zu wollen, da ich mir das als kleine Überraschung gedacht hatte. Ich fragte ihn, ob er nicht Lust hätte, seine Vereinssachen anzuziehen, damit wir den Fischköppen hier oben mal zeigen konnten, wo der Clown die Nase hat. Aber genau bei diesem Gedanken schüttelte mein Papa heftig mit dem Kopf. Sich das alles im Schrank anzusehen, wie es da hing, und ab und zu die glamouröse Narrenkappe mit Pfauenfeder in die Hand zu nehmen, ist eben etwas anderes, als selbst in dieses Outfit zu steigen – stammte dieses doch inzwischen aus einer anderen Zeit, einem anderen Leben. Die Trauer darüber, nicht mehr Teil des Karnevalsvereins sein zu können, war einfach groß. Doch hier kam Fine ins Spiel und Plan B!

Das Motto unserer Party hieß »Karneval der Völker«. Wenn möglich, sollte man sich in ein Kostüm schmeißen, das erkennbar machte, woher auf der Welt man kam. Arne trug ein Torero-Kostüm, ich ging als Flamencotänzerin. Mein Papa wollte auf keinen Fall eine Perücke oder eine Nase oder 'nen komischen Hut aufsetzen. Das spürte ich. Ich glaube, er war noch nicht bereit, in seiner neuen Situation outfittechnisch zu sehr auszuflippen. Ich präsentierte ihm also ein eher zurückhaltendes Kostüm aus seinem eigenen alten Fundus. Natürlich hatte ich es aufgehoben! Jawohl! Er erkannte es sofort und lächelte, und mir war klar, er würde sich dem Spaß nicht entziehen. Das Kostüm bestand aus einer beigen Hose und einem Oberteil mit Kapuze. An den Bündchen war weißes Kunstfell vernäht, und vereinzelt fand man indigene Stickereien. Klasse! Neben uns Spaniern gab es nun auch einen Inuit auf unserer Party.

Von der wusste er allerdings immer noch nichts. Ich hatte ordentlich Bammel. Mein Papa würde nach einem Jahr seine Freunde wiedersehen, die sich allesamt regelmäßig bei mir informiert hatten, wie es Hartmut ginge. Sie wussten, dass der Mann, den sie treffen würden, nur noch wenig mit dem Hartmut zu tun hat, den sie kannten, doch das sollten sie selbst erleben. Ich freute mich wie ein Schnitzel, dass sie zusagten, verriet ihnen das Motto, schickte Adressen von Hotels in der Nähe und Infos über Zugverbindungen. »Mache dor keen Kopp Kleene, wir kriechjen das schonehin!«, war ihre Antwort. Mir ging das Herz auf. Ich weiß, dass sie meinen Papa sehr vermissten, und mein Papa sich wahrscheinlich dachte, er könne seine Freunde so schnell nicht wiedersehen. Denn der Mut, als halbseitig gelähmter Mensch im Rollstuhl ohne Sprachvermögen und komplett auf Hilfe angewiesen in die Heimat zu fahren, fehlte ihm noch komplett. Doch heute sollte die Heimat zu ihm kommen, und der war es völlig »worscht, wie de bist un waste hast, weil in Halle wundort ma siche üwwer jarnischte mehr, Meinor!«

Gegen sieben Uhr klingelte es an meiner Haustür. Vor mir standen drei wunderschöne Frauen. Eine mit venezianischer Augenmaske, eine kostümiert als Dame aus den Zwanzigern und ein Clown! »Wir kommen als Polen!«, lachte Regina, und sie und ihre Töchter fielen mir in die Arme. Als Nächste kamen unsere Nachbarn Simone und Jörn. Simone im schwarzen Kleid und Kunstblut an der Lippe, Jörn in Lederhose, Karohemd und Tirolerhut! Yeah! Österreich und Transsilvanien!

Dann traf der Pflegedienst ein, verkleidet als Scheich und noch eine Tirolerin. Beim nächsten Klingeln hatte ich meinen Freund Sascha als englischen King's Guard in Paradeuniform und Bärenfellmütze vor mir. Er kam mit seiner Freundin, eine Zwergin mit grandioser Zipfelmütze. Mein Kumpel Ferry kam als Sensei in schwarzer Robe mit langem grauem Haar, Bart und Augenbrauen direkt aus Japan. Meine Schwiegermutter kam als irgendwas zwischen Spanierin und Holländerin, Claudi warf sich in eine traditionelle rumänische Tracht, Holger alias »Niki Lauda« im Rennfahreranzug kam mit seiner Frau, Königin Anita. Sogar die Marine war in Form verschiedener Matrosen vor Ort. Und natürlich eine Menge Hippies in schillernden Satinhemden mit krassen Perücken. Niemand, wirklich *niemand* war auf meine Nachhilfe angewiesen! Da machte ich mir vorher Gedanken, dass jemand keinen Bock auf so etwas haben könnte, und dann kamen tatsächlich *alle* verkleidet und bestens gelaunt bei uns an. Das war fantastisch! Die Musik war laut, das Buffet eröffnet und mein Papa mittendrin im Geschehen. Viele unserer Freunde sahen meinen Vater zum ersten Mal wieder. Er erkannte sie alle und freute sich. Und während in unserer Wohnung die Party voll im Gange war, formatierte sich im Hausflur der Karnevalsverein »Rot-Weiß Halle«.

Keiner der Gäste hatte auch nur die leiseste Ahnung davon, was hier gleich passieren würde. Ein Teil des Elferrats, ein paar Funken, ein Teil vom Männerballett und andere Vereinsmitglieder standen in voller Vereinspracht in Kostüm und mit Narrenkappe vor der Tür, bereit, den Abend für alle, aber besonders meinen Papa, unvergesslich werden zu lassen.

Ich drehte die Musik aus, dimmte das Licht und bat die vielen Gäste, doch kurz mal bitte eine Gasse zu bilden. Verwundert, aber auch gespannt formatierten sich alle fix zum Spalier. Ich knutschte meinen Papa auf die Wange und flüsterte: »Papa, Springer!« und er antwortete sofort: »Ahoi!«

Das war Arnes Stichwort. Er drückte auf Play, und es ertönte laut das Lied der »Rot Weißen«! Ich machte die Tür auf, und der Karnevalsverein »Rot-Weiß Halle« kam in unsere Wohnung reinspaziert, mit Wunderkerzen in der Hand und laut das Vereinslied singend. Vorbei an den Gästen, denen allesamt der Mund offen stand. Gejohle, Applaus, Handykameras! Als sie meinen Papa sahen, ihren Hartmut, überkamen uns die Emotionen. Kein einziges Auge blieb trocken, und mein Vater lag in den Armen seiner Freunde. Sie schluchzten. Sie lachten. Sie klopften sich auf die Schulter. Und sie riefen: »Für unseren Hardi ein dreifaches Springer!«, und alle antworteten: »Ahoi!« Dann hängten sie ihm den neuen Orden der Session 2017 um und überreichten Geschenke und Briefe derjenigen, die leider nicht dabei sein konnten. Setzten sich zu meinem Papa und erzählten. Und immer wieder kullerten die Tränen.

Dann aber ging der Spaß erst richtig los. In Windeseile wurden Möbel beiseitegerückt, damit die Funkengarde Platz zum Tanzen hatte! Und zwar den aktuellen Gardetanz. Gleich danach kamen zwei halbnackte Männer, einer von ihnen mit langen Haaren und beide mit relativ großen Bäuchen. Na klar! Das waren Roland Kaiser und Maite Kelly! Sie schmetterten ihren Hit »Warum hast du nicht Nein gesagt!«. Mein Vater und alle anderen haben Tränen gelacht! Der berühmte »Rucki Zucki« wurde natürlich auch getanzt, und das Männerballett gab alles! Schallendes Lachen, lauter Jubel, Zugabe-Rufe! Von »Das gibt's ja nicht!« über »Das hab ich noch nie gesehen!« bis »Wie geil is das denn!«. Die Stimmung war der absolute Knaller!

Wir hatten für diesen Abend einen Kamerakasten aufgebaut. Durch eine Fernbedienung konnte man von weitem die Kamera auslösen. Unsere Gäste kamen in den unterschiedlichsten Kombinationen zusammen und knipsten die verrücktesten und ulkigsten Fotos. Eins stach besonders heraus: Leute, die sich vorher nicht kannten, lagen sich in den Armen, tanzten durchs Foto oder machten verrückte, lustige Gesten. Und mein Papa in der Mitte lachte mit! Wenn ich mir heute dieses Foto ansehe, bekomme ich immer noch Gänsehaut. Dieser Abend war voller Leben! Freude, Nostalgie, Dankbarkeit und ja, auch Trauer war dabei. Jedes Gefühl bekam seinen Platz. Dieser

Abend war wie ein Heilmittel. Ein Beweis dafür, dass es die Chance gibt, sein Lachen wiederzufinden, wenn man es einmal verloren haben sollte.

Der gnadenlose Humor an diesem Abend war wie eine Kraftquelle für meinen Papa und auch für mich. Er wusste nun, dass er sehr wohl noch Freunde hatte. Die den Weg nach Hamburg nicht scheuen, um ihn zu sehen. Und dass es für sie keine Rolle spielt, ob mein Vater nun im Rollstuhl sitzt oder nicht.

Mein Papa lebt in den Erinnerungen seiner Freunde weiter, als der Hartmut, der er einmal war, und mit dem »neuen« Hartmut werden nun neue Erinnerungen geschaffen. Dank meiner Hilfe kann er ihnen dabei zum Glück nicht entwischen. Ich schubse ihn gerne in Richtung Spaß, wenn er zögern sollte. Oder auf eine Barkasse zur Hafenrundfahrt, denn natürlich blieben die »Rot-Weißen« auch noch den ganzen Sonntag! – Ahoi!

12

SANKT PETER-ORDING ODER: IM AUGE DES TIGERS

Norddeutsche Unwetterbestimmung
Schaf ohne Locken: Sturm
Schaf wech: Orkan
Schaf alle zwanzig Sekunden da: Tornado

September 2017. Ich wuchtete eine der zwei Matratzen aus dem frisch bezogenem Doppelbett des Schlafzimmers im Erdgeschoss, schleppte das Neunzig-mal-zweihundert-Zentimeter-Teil in einen kleinen Raum in die erste Etage und stellte dabei fest, wie schwer und unhandlich so eine Matratze doch eigentlich ist. Das Babybett, das in diesem winzigen, aber schönen Raum stand, der für die nächsten Tage mein Zimmer werden sollte, rollte ich auf den Flur. So hatte ich genug Platz, mir ein minimalistisches Nachtlager zu bauen. Platz da für meine Schlafmatratze – perfekt! Ich stellte noch eine Lampe auf den Fußboden und in die Ecke meine kleine Reisetasche.

»Reicht doch!«, dachte ich mir und musste schmunzeln, denn ich bezog nach langer Zeit mal wieder ein »Kinderzimmer«.

Schnell huschte ich wieder runter, um den mobilen Galgen aufzubauen. Achtung, klingt dramatischer als es ist! Ich nahm mir nicht den Strick, geschweige denn war ich dabei, eine Folterkammer einzurichten. Stattdessen stellte ich den Galgen in die gerade leer geräumte Hälfte des Doppelbettes, damit mein Papa ihn greifen konnte, um sich aufzurichten oder umzudrehen. Nun noch die mobile Bettstütze unter die Matratze klemmen, Griffe hochklappen und das Laken zusätzlich mit einem Nässeschutz beziehen. Tadaaa, fertig war das »Urlaubspflegebett«!

Danach rollte ich den sperrigen Toilettenstuhl in das Badezimmer, schob ihn über das WC und packte fröhlich die Waschtasche meines Papas aus: Deoroller, Duschgel und Creme fürs Gesicht, Zahnbürste, Zahnpasta und seinen rosa Stilkamm. »Jetzt kann er kommen, der Urlaub!«, rief ich laut.

Wenn ich früher in den Urlaub gefahren bin, dann stopfte ich immer alles in meine Taschen rein, worauf *ich* eventuell Lust haben könnte. Plötzlich war genau das aber zur Nebensache geworden. Ich fand mich in der Situation wieder, alles einzupacken, was mein Papa brauchte. Und das war viel. Jeder letzte Millimeter in seiner Reisetasche wurde ausgefüllt.

Normalerweise machte ich das alles immer auf den letzten Drücker, doch dieses Mal war es anders. Planung stand an oberster Stelle! Es war September, und der erste Geburtstag meines Papas nach der Reha stand an. Und damit auch der erste Urlaub. Ich wollte uns beiden beweisen, dass Urlaub auch weiterhin kein Problem war. Ziel war Sankt Peter-Ording, denn da kenne ich jeden Stein. Ich war da früher oft gewesen, schön mit dem Camper an der Nordsee abhängen, kiten, manchmal surfen und grillen. Genau mein Ding! Einmal hatte ich am Strand einen speziellen Strandrollstuhl gesehen, den man bei der Touristenverwaltung buchen konnte, und war sofort angefixt von der Idee, gemeinsam mit meinem Vater dorthin zu fahren. »Das muss doch möglich sein, dass wir unseren jährlichen Abenteuertrip weiter erleben können«, dachte ich.

Und dass ich mich vor Ort so gut auskenne, wird mir zugutekommen, glaubte ich. Aber Pustekuchen! Wenn du mit einer Person verreisen möchtest, die spezielle Bedürfnisse hat und körperlich eingeschränkt ist, steht dir nicht mehr die gesamte Online-Welt der Ferienwohnungen zur Verfügung. Wenn mir dann der Begriff »barrierefrei« über den Weg lief, stellte ich auf Nachfragen und diversen Telefonaten fest, dass das eben auch leider nur »stufenlos« bedeutet. Die Unterkünfte, die speziell für Menschen mit Handicap hergerichtet waren, waren gefühlt schon ein Jahr im Voraus ausgebucht. Genau wie die beiden Strandrollstühle übrigens auch.

»Gut, dann muss ich mir eben etwas zurechtbasteln!«, dachte ich. Auf keinen Fall wollte ich die Flinte ins Korn werfen und den Urlaub an den Nagel hängen. Immerhin kannte ich mich in der Welt der Pflegehilfsmittel bereits bestens aus. Für fast jedes Problem gibt es da tatsächlich eine Lösung oder eben ein Hilfsmittel, das alles ein bisschen leichter machte. So durchstöberte ich wieder einmal den Gebrauchtmarkt und ergatterte tatsächlich die Dinge, die ich für die Reise mit meinem Vater brauchte: Pakete mit Inkontinenzmitteln und -unterlagen, Galgen, Bettschutz, Toilettenstuhl etc. Das alles kam zusätzlich zu seinem normalen Gepäck obendrauf.

Eine Anreise mit dem Zug schlug ich mir sofort aus dem Kopf. Wer sollte das bitte alles schleppen? Das übertraf selbst den größten Schnäppcheneinkauf, den ich je mit Regina zu tragen hatte! Ich reiste schließlich mit einer halben Inneneinrichtung für Gehandicapte. Also machte ich das, was mir ein riesiges Grinsen in mein Gesicht zauberte. Ich entschied mich für meinen Camper, unser treues, altes Fortbewegungsmittel. Nur sollte es dieses Mal eine Reise unter etwas anderen Bedingungen werden. Wir würden nicht im Camper schlafen und von Ort zu Ort und Land zu Land fahren. Dafür hatten wir aber genau den Stauraum, den wir brauchten: In den alten, voll ausgebauten Dethlefs passte wirklich alles rein. Dieses Auto war so wunderbar, nur leider absolut nicht barrierefrei!

Aber: »Wo ein Wille ist, ist auch ein Weg!«, betete ich mir mal wieder insgeheim selbst vor, ohne darüber nachzudenken, dass das alles eventuell nicht klappen könnte.

Und so standen wir am Morgen der Abreise vor dem Wohnmobil, und ich erklärte meinem Papa haargenau, wie wir ihn auf den Beifahrersitz des Campers verfrachten würden, um dann zusammen mit Regina und mir in den Urlaub zu düsen.

Der alte Camper hatte keine Tür auf der Beifahrerseite und so mussten wir meinen Papa über die Campertür einsteigen lassen. Er zog sich an einem Griff in der Eingangstür die Stufen hoch, Regina half ihm, Schritt für Schritt. Ich nahm ihn von drinnen entgegen, während sie meinem Papa noch einen letzten kleinen Schubs gab. Und Schwups – stand mein Vater auf einmal mitten im Wohnmobil! Ich war überwältigt und umarmte ihn direkt. Das fühlte sich so herrlich normal an. Mein Papa schien gesund, und wir zogen gleich für vier Wochen zusammen los. »Wie kommt er hier eigentlich wieder raus?«, dachte ich kurz, und wischte die Frage beiseite. Na, so wie er reingekommen ist!

Drinnen um- oder hinzufallen war aufgrund der Enge im Wohnmobil unmöglich. Mein Papa merkte das sofort, denn er stützte sich beim Vorwärtsbewegen nicht auf einen Stock, sondern auf alles, was sich da so um ihn herum befand. Küchenzeile, Esstisch, Rückenlehne der Sitze. Nach drei Schritten konnte mein Papa auf dem Beifahrersitz Platz nehmen. Regina setzte sich dahinter auf den Platz am Fenster, und als alle Anschnallgurte klickten, drehte ich den Schlüssel im Zündschloss und der vertraute Motorensound meines Campers schepperte los.

Mein Papa und ich schauten uns an und grinsten uns einen ab. Ich konnte es nicht glauben, dass wir nun, nach all dieser Zeit, tatsächlich zusammen und nebeneinander im Camper saßen! Ich vergaß in diesem Moment komplett, was mit ihm geschehen war. Eigentlich wollten wir beide kurz emotional werden, doch ein fröhliches »Los geht das!« schmetterte von hinten nach vorn! Ich schaute in den Rückspiegel, Regina zwinkerte mir zu, und der Camper rollte los Richtung Nordsee!

Manchmal brauche ich nur eine Portion Mut, eine Prise Wahnsinn und ein Wohnmobil voller Liebe, um das Unmögliche möglich zu machen. Und eine gute Playlist! Im Radio lief natürlich Survivor, »Eye of the Tiger«.

Zwei Stunden später standen wir drei in der Küche eines kleinen, schnuckeligen Ferienhauses mit Reetdach unweit der Küste und waren stolz wie Oskar, dass wir es geschafft hatten. Dass wir alle Barrieren irgendwie überwunden hatten. Mein Papa hatte sein eigenes Zimmer gleich im Erdgeschoss neben der Wohnküche. Oben schliefen Regina und ich. Ein Zimmer war noch frei für einen Überraschungsgast, denn der 64. Geburtstag meines Papas stand bevor, und natürlich würden wir den nicht allein feiern.

Wir hatten kaum ausgepackt, da klingelte es schon an der Tür: mein Bruder! Und als wäre das nicht genug, hatte er im Gepäck unseren Opa! Und der Opa wiederum hatte seinen Urenkel an der Hand! Die Freude war riesig!

Mein Bruder machte es sich mit seinem kleinen Sohn im Wohnmobil gemütlich, und mein Opa packte zu den Sachen im Bad noch Kukident und Doppelherz.

Da klingelte es erneut an der Tür, ein Mitarbeiter des örtlichen Sanitätshauses. Er brachte zwei elektrische Seniorenmobile, die ich im Vorfeld gemietet hatte. Mein Opa war mittlerweile schlecht zu Fuß, mein Vater konnte gar nicht mehr laufen, da wären zwei Rentner-Scooter doch der absolute Knaller. So konnten die beiden ordentlich Gas geben, hatte ich mir im Vorfeld gedacht.

»So ä Ding wollte ich schone immor ma fahrn'!«, lachte mein Opa. Wir probierten sie gleich aus und rollierten ins Zentrum von Sankt Peter. Opa vorneweg, dicht dahinter mein Papa. Blinken, lenken, Gas geben. Das Ganze schön auf dem Rad- oder Fußweg. Astrein. Wir sahen aus wie ein Seniorenheim beim Tagesausflug.

Ich fand das klasse. Mein Papa war jedoch ein bisschen verhalten. Dachte er vielleicht, das Ding mache ihn älter, als er eigentlich war? Ich muss zugeben, ich dachte auch kurz, dass mein Papa in seiner Mobilität viel eingeschränkter war als sein eigener Vater, der bereits über achtzig war. Ja, die fiese kleine Realitätsschelle, trotz Sonnenschein lauert sie auch im Urlaub überall und klatscht ungefragt zu, wenn man nicht daran denkt. Ich konnte meinem Papa den Rentner-Scooter hinstellen, aber fahren musste er ihn allein und Spaß daran finden auch.

Sankt Peter-Ording hat einen extra Strandaufgang für Personen mit eingeschränkter Mobilität. Ein guter Holzweg direkt bis zur Terrasse der Bar, die mitten im Wasser auf Stelzen steht. Dorthin juckelten wir und saßen dann windgeschützt bei einem Bier und verputzten jeder ein großes Stück Kuchen. Und mit der Flut kam das Lächeln meines Vaters zurück – aber auch das Wasser!

»Mein Herr, vertrauen Sie uns, wir sind Profis!

»Wie findest du schlechte Wortwitze über Sturm?«
»Weht so.«

Die Kellner kamen und baten die Gäste, langsam zurück zum Ufer zu gehen, da das Wasser schneller und kräftiger ins Land drückte als vorhergesagt. Und tatsächlich! Keine zehn Minuten später versank der Strand und auch ein Großteil des Holzweges im Wasser. Eine richtige Sturmflut rollte da aufs Ufer zu. Viele Gäste mussten noch bezahlen, wir auch. Die Sonne schien, nix sah nach schlechtem Wetter aus, aber das Meer kam begleitet von dunklen Wolken unaufhaltsam näher. Mein Opa bekam es richtig mit der Angst zu tun. Selbst Regina wurde nervös. Ich legte die Kohle hin, und wir machten los Richtung Ufer. Doch wo war der Weg? Das Wasser stand schon bedenklich hoch. Die Kellner schienen unsere Not zu erkennen und kamen gut gelaunt zu uns rüber. Das Ganze kam wohl öfter vor. Jedenfalls wussten sie genau, was zu tun war, schnackten nicht lange, krempelten ihre Hosen hoch und trugen zu zweit den Rollstuhl samt meinem Vater über das Wasser zurück zum Ufer. Dann kamen sie wieder, und ehe mein Opa sichs versah, griffen sie ihm schon unter Arme und Beine und trugen auch ihn übers Wasser. »Mein Herr, vertrauen Sie uns, wir sind Profis!«, feixten sie.

»Na, das wärn' mor gleich noche sähn, macht nur hinne!«, raunte mein Opa.

Zu meinem Glück erwiesen sich die Jungs als Retter in der Not. Regina und ich wateten hinter den beiden her und mussten sehr lachen, wie mein Opa da so schimpfend übers Wasser getragen wurde. Wir machten fix alle zusammen noch ein Selfie, und ich bedankte mich gefühlt tausend Mal. Das alles war so absurd und gleichzeitig wieder total schön.

Auf festem Fußweg angekommen, schnappte sich Regina meinen Papa, der trotz allem verschmitzt lächelte, und lief los. Mein Opa kämpfte sich mit seinem Leichtgewicht-Rollator den Weg zurück, ich stützte ihn und hielt gleichzeitig seinen Rollator fest, denn der Wind war so stark, dass das ultraleichte Carbonteil ständig zur Seite wegflog. Er lachte null und meckerte die ganze Zeit, was für eine bescheuerte Idee das war. Mein Zwergdackel Watson hatte auch nichts zu lachen. Der wurde vom Weg gefegt und ordentlich mit Sand gewaschen. Schnell schnappten wir die Elektromobile, setzten Watson bei Opa vorne in den Korb und traten nun im strömenden, aber warmen Regen den Heimweg an.

Klitschnass im Ferienhaus angekommen, alle wieder trocken und mit einer Tasse Tee gemütlich im Wohnzimmer sitzend, waren wir uns einig, dass das mal ein richtiges Abenteuer gewesen ist. »Also mit euch macht mor was mit! Hartmut, sache ma, is das immer so mit den'?«, fragte mein Opa meinen Papa. Der zuckte mit den Schultern und antwortete klar, deutlich und schelmisch grinsend: »Ja!«

Einen Tag später feierten wir alle zusammen den 64. Geburtstag meines Vaters. Mit allem Drum und Dran. Kerzen, Kuchen, Kartoffelsuppe! Ein Jahr schon war er nun ein schwerkranker Mann. Ich schenkte ihm zum Geburtstag das Gefühl, dass Aktionen wie diese immer noch möglich waren. Dass wir immer noch aufbrechen konnten, um gemeinsam was zu erleben. Dass wir uns neue Erinnerungen schaffen, die wir dann bei Gelegenheit rauskramen könnten, um darüber zu lachen.

Ich machte mir Mut, dass das alles doch »nur« eine Frage der Planung und Organisation sei, für mich, für die Planung und Organisation so sexy sind wie Fußpilz. Die einzige Liste, die ich gerne erstelle, ist die Einkaufsliste. Die dann im Supermarkt gekonnt zu ignorieren, ist ebenfalls genau mein Ding. Wenn ihr mich früher gefragt hättet, was ich am Wochenende vorhabe, hätte die Antwort irgendwo zwischen »Ich wandere in den Harz!« und »Ich fange an Ukulele zu lernen!« gelegen. Je nachdem, was mir in den letzten fünf Minuten in den Sinn gekommen war. Kalender und To-do-Listen waren in meinem Leben eher dekorative Elemente, die überall herumlagen. Seraphina Kalze steht quasi für die personifizierte Spontaneität, das kann ich auf der Bühne am besten. Ich war jemand, die für einen Tagesausflug ans Meer fuhr und dann einen Monat später nach Hause kam, weil ich mich unterwegs entschlossen hatte, durch ganz Europa zu reisen. Deswegen musste ich halt Bikini und Winterjacke einpacken, weil ich nie wusste, wo ich am Ende landete.

Das hat sich in den letzten Jahren und mit der Erkrankung meines Vaters geändert. Ja, ich vermisse es manchmal, dass mein Papa und ich eben nicht einfach so irgendwo im Baltikum anhalten können, um noch kurz einen Abstecher auf die Kurische Nehrung zu machen. Die einstige Queen of »Immer der Nase nach!« lernte nun in einer Welt zu laufen, in der eben selbst die Nasenrichtung vorgeplant war. Aber den Sinn für Überraschungen werde ich wahrscheinlich nie verlieren, und von einer Flut lassen wir uns noch lange nicht wegspülen.

Im Nachhinein betrachtet war der Trip mit meinem Papa an die Nordsee schön, einzigartig und nicht weniger abenteuerlich. Aber eben für uns beide kein Urlaub wie früher. Ich habe viele kleine Momente genossen und gelernt, dass mein Papa noch im Camper sitzen, aber keineswegs mehr dort übernachten kann. Wir werden nicht mehr irgendwo an einem Feuer hocken und über Gott und die Welt quatschen. Es gibt Veränderungen, und diese einzugestehen, macht Aua, danach aber wird es umso besser. Die neue Situation zeigt mir heute andere Wege und Möglichkeiten auf, die mir am Ende vielleicht etwas offenbaren, das »anders schön« ist. Ich entdeckte mit dieser Herausforderung eine ungeahnte Fähigkeit an mir. Nämlich inmitten von strikter Planung Momente der Freude und Leichtigkeit zu finden.

Barrieren zu überwinden und Tücken des Alltags mit meinem Papa zu meistern, ist immer noch sehr herausfordernd. Und da rede ich nicht nur von Bordsteinen, die viel zu hoch sind, Aufzüge an U-Bahn- oder S-Bahn-Stationen, die nicht funktionieren oder die gar nicht erst vorhanden sind. Ich meine nicht die fehlenden, behindertengerechten WCs in Restaurants oder nicht vorhandene Rampen an Eingängen mit Stufen. Das kommt einfach noch zusätzlich obendrauf. Ich meine die Tücken im Alltag, die man nicht gleich erkennt. Die den Zwiespalt zwischen einer pflegenden Angehörigen und deren eigenen Alltag aufzeigen. Einsamkeit zum Beispiel.

Ich hatte sehr schnell begonnen, andere nicht mehr nach ihrer Meinung zu fragen, weil ich glaubte, dass sie das Ganze sowieso nicht verstehen oder nachvollziehen könnten. Ich habe die Dinge eher mit mir selbst ausgemacht. Schuldgefühle – wenn ich mich entschied, etwas ohne meinen Papa zu unternehmen, ihm das aber auch total gefallen hätte – waren anfangs ein echtes Problem. Mittlerweile ist das etwas besser.

Am anstrengendsten in der Pflege meines Vaters ist aber bis heute die Doppelbelastung! Nicht wie einige jetzt vermuten könnten, »Pflege und Beruf« oder »Pflege und Partnerschaft« unter einen Hut zu bekommen. Da habe ich mich tatsächlich top (Achtung!) *organisiert*. :))))

Ich habe das Gefühl der »Doppelbelastung« dadurch, dass ich durch die Krankheit meines Vaters zum Motivationscoach mutierte *und* gleichzeitig der einzige Teilnehmer bin. Mein Papa, schwach bestückt mit eigenem Antrieb, bekam und bekommt meine Energie auch dann, wenn ich selber kaum welche habe. Während andere in der Zeit *ihres* Glückes Schmied sind, bin ich *sein* Klempner. Da wo mein Wille ist, ist *sein* Weg. Natürlich steht dort auch ein Werkzeugkasten. Und ja, da ist für alle Fälle auch ein Hammer drin, der den Weg freiklopft. Was nicht passt, mache ich passend, und wenn's klemmt, wird halt gequetscht! Wenn Plan A nicht klappt, hat das Alphabet noch 25 weitere Buchstaben.

Aber manchmal wurde mir der Arm vom vielen Klopfen eben auch lahm. Und dann musste ich lernen, den Hammer aus der Hand zu legen und mich mal einfach in mein Sofa zu kuscheln oder mit meinen Kindern Quatsch zu machen. Oder mit Arne ein Bier zu trinken, oder einfach allein in den Sternenhimmel zu gucken und plötzlich so unfassbar glücklich zu sein darüber, dass sie alle da sind. Um mich herum. Meine Lieben.

13

ABNABELN

»Mein Therapeut hat gestern gesagt, ich soll endlich loslassen! Okay, mein Würgegriff war vielleicht wirklich ein wenig zu fest.«

Es war Frühjahr 2019, eines dieser Wochenenden, an denen Regina freihatte und ich die alleinige Kommandantin des väterlichen Pflegebataillons war. Im gewohnten Trubel hatte ich ein paar Minuten Zeit, mir mal die Füße zu vertreten und mit meinem Dackel Watson eine Runde um den Block zu laufen. Mein Papa blieb mit meiner kleinen Tochter und meinem Mann zu Hause.

Yeah! Me-Time! Ich genoss diese kleinen Spaziergänge sehr. Nur der Hund und ich. Wie früher. Watson schien zu kapieren, dass weder Kinderwagen noch Rollstuhl im Schlepptau waren, und freute sich wie ein Hund, der gerade die Leberwurst im offen stehenden Kühlschrank entdeckt hatte. Wahrscheinlich war er einfach nur froh darüber, dass ihm niemand in die Hacken fuhr. Ich muss schon zugeben, der Hund kam ständig zu kurz. Er hatte es noch schwerer als Arne.

Beim Gassigehen beschloss ich, noch schnell in den Supermarkt zu huschen und ein paar böse Sachen wie Chips, Schoki und Rosé einzukaufen. Meine absolute unheilige Dreifaltigkeit des Wohlfühlens. In diesen kleinen Hunderundenmomenten von maximal dreißig Minuten hatte ich immer sofort große Lust auf alles! Und zwar *jetzt*! Also zog ich etwas stärker an Watsons Leine, der wie immer mit seinem sehr detaillierten botanischen Exkurs beschäftigt war, was hieß, dass er gefühlt an jedem Grashalm schnupperte und im Sekundentakt sein Bein hob. Gegen seinen Willen lief ich schneller und machte Watson fix vorm Laden fest. Er schaute bedröppelt, denn so hatte er sich unsere Hunderunde natürlich nicht vorgestellt. Wartend und abgestellt neben einem zitternden Chihuahua.

Kaum betrat ich den Supermarkt, fühlte ich mich wie ein aufgedrehtes Eichhörnchen auf Koffein. Ich wollte alles sehen und mindestens einmal anfassen. Ich roch an einer Ananas. Ich rieche sonst nie an einer Ananas! Aber dieses Mal war es wie das Einatmen von Ferne und das Wegträumen an einsame Strände. Ich wollte eigentlich noch an den Tomaten riechen, sah aber das Kühlregal mit der herrlich bunten Joghurtauswahl! Ich entschied, dass jetzt nicht der richtige Zeitpunkt für Entscheidungen war. Also nahm ich einfach von allem etwas.

Ein Kind verfolgte meine hektischen Bewegungen mit großen Augen und fragte seine Mutter: »Mama, hat die

Frau Hunger?« Die Mutter schüttelte nur den Kopf und flüsterte: »Nein, Liebes, sie ist nur sehr gestresst.«

Gestresst? Ich? Tss. Direkt schnappte ich noch zwei Ayran, zwei Kefir und zwei Buttermilch jeweils für mich und meinen Papa. Weiter ging es Richtung Fleischtheke. Wienerwürstchen gehen schließlich immer! Und Rotweinsülze! Lecker! »Kann ich ein Wienerwürstchen gleich essen?«, fragte ich ungeduldig und bekam eins auf die Hand. Dieser Moment, wenn du das Würstchen, das im unteren Drittel in Papier eingewickelt ist, über die Theke gereicht bekommst, ist einfach phantastisch und katapultiert mich jedes Mal zurück in meine Kindheit. Natürlich hob ich den Wurstzipfel für Watson auf. Am liebsten hätte ich dem Kind, das mit seiner Mutter an der Käsetheke neben mir stand und mich anglotzte, als wäre ich eine heißhungrige Fresszilla, die Zunge rausgestreckt. Oder nein, noch lieber der Mutter! Aber dafür hatte ich leider keine Zeit, denn ich hörte das Weinregal schon aus der Ferne laut meinen Namen rufen. »Das Schluckodil Eine Katze bitte in die Alkoholabteilung!«

Ich reiste mit meinen Augen kurz durch ganz Europa, schaute mir die schönen Etiketten an und packte zwei Flaschen Rosé in meinen Wagen. Chips, Schokolade und Eis. Oh, Papas Lieblingspralinen im Angebot! Noch fünf Minuten! Ab zur Kasse! Und dann wie immer der Gedanke: »Wieso habe ich eigentlich keinen Beutel eingepackt?« Ganz einfach! Weil ich gar nicht vorhatte, einzukaufen! Ich wollte ja nur mit dem Hund raus. Und der saß brav angeleint dort, wo ich ihn angebunden hatte. Der Chihuahua war inzwischen weg. Watson bekam schnell den Wurstzipfel zwischen die Zähne und ein »Du bist doch mein Beeeester!« auf die Ohren, und schon hetzten wir los zurück nach Hause.

Als hätte ich es geahnt! Kaum hatte ich den Schlüssel umgedreht, rollte mir mein Papa schon aufgeregt entgegen und gab mir sehr schnell zu verstehen, dass er mal dringend müsse! Mein Mann rief aus der Toilette zum Glück nur »Ich bin gleich fertig!« und nicht »iiich biiiin feeeertig!«. Ja, dazwischen liegen Welten (wer Kinder hat, weiß, was ich meine)! Zudem kam meine kleine Tochter schon fast breitbeinig in einer supervollen Windel angestapft. Die hätte wirklich jeden Moment platzen können – also die Windel! Lief da etwa schon was durch die Strumpfhose?

Ich fasse kurz zusammen: Mein Mann auf dem Klo, mein Vater, der *nicht mehr* allein aufs Klo konnte, aber dringend wollte, meine Kleine, die *noch nicht* allein aufs Klo konnte und das offensichtlich schon erledigt hatte, und Watson, dessen Klo ich die ganze Zeit in der Hand hielt! Ich hatte tatsächlich die Kackbeutel von Watson mit in die Bude raufgeschleppt, anstatt ihn wegzuwerfen.

Was ich jetzt erkannte, war: Die Mutti vom kleinen Schlaumeier hatte wahrscheinlich recht! Ich war gestresst! Ich bin Mutter, Ehefrau, pflegende Angehörige und Hundehalterin. Diese Szene, die sich da gerade vor mir abspielte und bei der ich nicht wusste, wem ich nun zuerst die Hosen rauf oder runter ziehen darf, drehte meinen Magen um. Ich rannte fix ins Bad meines Vaters und spuckte.

Sich von einem Wienerwürstchen übergeben zu müssen, konnte nur zwei Gründe haben, und ich hätte es wissen müssen, als ich an der Ananas roch! Entweder schlug mir tatsächlich der Stress auf meinen sonst so robusten Magen, oder ich war wieder schwanger. Na ja, es wird wohl eine Mischung aus beidem gewesen sein.

Ein Jahr lebten wir nun schon in unserer liebevollen, amüsanten, aber auch manchmal nervenaufreibenden kleinen Wohngemeinschaft. Nun hielt ich dieses wunderbare Ultraschallbild in meinen Händen und mir wurde klar, dass das noch nicht das Ende der Fahnenstange war. Eine weitere Veränderung stand ins Haus, und mir schwante, dass die eine wichtige und große Entscheidung von mir verlangte. Und vor der hatte ich so richtig Schiss!

Nicht nur der Platz wurde knapp, auch meine Kräfte und Energie schwanden. Glaubt mir, ich traue mir eine Menge zu, doch zum ersten Mal spürte ich: Es wird zu viel! Ein Haus kaufen, mit Wohnung für Papa und Regina, das wäre mein Wunsch gewesen. Aber mein Konto lachte nur höhnisch über diese Idee. Ich brauchte eine andere Lösung!

Bei meinem ersten Kind war mir der Gedanke, meinen Vater »wegzugeben«, nicht mal ansatzweise gekommen. Mit dem zweiten kleinen Wesen, auf das ich mich sehr freute, stellten sich jedoch Zweifel ein: »Habe ich genug Liebe für alle? Schaffe ich das alles, pflegende Angehörige sein, Ehefrau, Mutter von *zwei* Kindern! Und manchmal auch noch an mich selbst zu denken?«

Bei der Geburt meiner ersten Tochter hatte ich meinen Papa für acht Wochen ins Aphasie- und Seniorenzentrum nach Vechta gebracht. Damals ein völlig neues Umfeld für ihn, das Fähigkeiten aus ihm herauskitzelte, die ich nicht für möglich gehalten hätte. Mein Papa saß auf einem Pferd und ritt! Dabei lächelte er sogar in die Kamera und winkte. Und er versuchte mit anderen, die auch schwere Defizite im Sprechen hatten, in Kontakt zu treten.

Jetzt, beim zweiten Kind, kam mir zögerlich, doch immer wieder der Gedanke: Und wenn das Wort »abschieben« es gar nicht trifft? Vielleicht würde ihm mehr Autonomie und Selbstständigkeit guttun? Uns beiden? Soziale Kontakte mit seinesgleichen? Ich hatte schon ein paarmal gespürt, dass ihn das »allein sein unter Gesunden« auch traurig machte. Immer der einzige Kranke zu sein, nagt doch bestimmt am Selbstvertrauen.

Es war für mich wie eine Berg- und Talfahrt. Kaum sah ich die positiven Aspekte, stürzte mich mein Gewissen in tiefe Skepsis. Ich wollte mich einfach nicht gegen meinen Vater entscheiden, und ich wollte auch nicht, dass es sich so anfühlte.

Da war sie wieder, diese Einsamkeit. Ich konnte meine Gedanken nicht mit anderen Leuten teilen. Für Außenstehende war doch klar, dass jetzt eine neue Lösung hermusste. Das Wort Lösung zog aber irgendwie auch unweigerlich das Wort »Problem« nach sich. Und keinesfalls wollte ich meinen Vater als »Problem« sehen, und mein ungeborenes Baby erst recht nicht.

Meinen Mann mit ins Boot meiner Überlegungen zu holen, fühlte sich für mich riskant an. Zwei Kinder würden die Situation zu Hause natürlich nicht einfacher machen. Deswegen würde er wahrscheinlich recht schnell

Papas Auszug zustimmen, für den zu diesem Zeitpunkt noch nicht einmal ich mich entschieden hatte.

Heute weiß ich, wie wichtig der Austausch mit Menschen und anderen Betroffenen ist. Damals dachte ich, ich müsste das mit mir allein ausmachen. Wie aber würde überhaupt mein Papa dazu stehen?

Eines Tages fasste ich mir ein Herz und setzte mich mit zwei Tassen Kaffee und ein paar Mon Chéri zu ihm an den Tisch. Mein Vater griff sofort genüsslich zu und gab mir zu verstehen, dass ich auch eine Praline nehmen sollte.

»Papa, ich kann die nicht essen, da ist Alkohol drin!«, sagte ich.

Er schaute mich an, und sein Blick konterte: »Machst du Witze?«

Daraufhin verriet ich ihm: »Du wirst wieder Opa!«

Mein Vater lächelte breit übers Gesicht und umarmte mich. Aber er sah auch, dass ich mich nur verhalten freute.

»Das ist doch schön!«, gab er sich Mühe zu sagen und allein dass er das versuchte, freute mich ungemein. Er streichelte meine Wange und schaute mich fragend an.

»Papa, ich habe auf unserer Situation hier zu Hause rumgekaut. Würdest du dir zutrauen, allein zu wohnen, mit Hilfe im Alltag?« Schwups war es draußen. Sofort dachte ich, wie unklug das gewesen war, erst zu sagen, dass ich schwanger bin, und dann zu bitten, dass er auszieht! Mein Vater aber hob die Hand, lächelte und winkte ab. So nach dem Motto: »Klar, mach dir mal um mich keen Kopp!«

Ähm, ihr könnt euch vorstellen, wie ich geschaut habe!

Völlig verdutzt. Hätte nur noch gefehlt, dass mein Papa sagt: »Kein Problem, das habe ich mir schon gedacht, meine Koffer sind bereits gepackt!« Für meinen Vater war der Gedanke, sich wohntechnisch zu verändern, offensichtlich nicht halb so dramatisch wie für mich. Mir fiel der Mount Everest vom Herzen, so erleichtert war ich. Ich nahm seine Hand und nuschelte nur: »Danke, Papa!«

Natürlich rollten mir die Tränen. Natürlich spürte er, wie schwer es mir fiel, mit dieser Angelegenheit auf ihn zuzugehen. Aber er nahm mich in den Arm und war ganz mein Papa. Der eine Entscheidung für mich traf, die er doch eigentlich laut Hirnscan nicht mehr treffen konnte!

Ob er wirklich keine Probleme damit hatte, weiß ich bis heute nicht. Aber war nicht genau das das Väterliche an ihm? Keine Angst vor Neuem zu haben, und wenn doch, es vor dem Kind nicht zu zeigen? Er nestelte sich und mir ein Mon Chéri aus der Folie und gab mir zu verstehen, damit anstoßen zu wollen! Wir ditschten die Schokis aneinander, und als ich mein Stück essen wollte, klaute er es mir kauend aus den Fingern. Sein Blick: »Haste wo verjessen, dass de schwanger bist, wa, Meine?« Ich lachte.

Sherlock Fine und Dr. Katze

*»Welche Schlange hat keine Zähne? –
Die vor der Essensausgabe im Altenheim!«*

Nun war klar, wir zwei gehen auf die Suche nach Pflegeheimen. Google spuckte mir alle im Umkreis liegenden Heime aus. Wichtig war für mich, dass ich keine großen Wege in Kauf nehmen musste, um meinen Papa zu besuchen, am besten fußläufig sollte es sein. So könnte ich ihn spontan, den Kinderwagen schiebend, besuchen, Kaffee trinken oder mal in einem Biergarten rumlungern. Ich könnte ihn auch fix zum Mittagessen oder Grillen abholen.

Ich notierte mir auch ein paar Häuser weiter draußen im Grünen, mit maximal dreißig Minuten Fahrt. Die Bewertungen auf Google zu lesen, war allerdings immer eine Herausforderung, denn irgendwie fand ich kaum eine Einrichtung, die nicht die komplette Bandbreite, also von grauenvoll bis phantastisch, aufwies. Wahrscheinlich gab es eine Menge nerviger Töchter wie mich, die nur das Beste für ihren Angehörigen wollten!

Ich erstellte eine Liste mit allen Einrichtungen, die infrage kämen, und mein Papa und ich klapperten diese fröhlich ab. Er war immer dabei, denn in erster Linie sollte es ja ihm gefallen.

Das erste Kennenlernen lief überall gleich ab. Am Empfang wurden wir freundlich begrüßt, und die Chefin oder der Chef des Hauses gab zuerst meinem Papa die Hand. Nach einem kurzen Schnack im Büro bekamen wir dann immer eine Führung durchs Haus und am Ende einen Kaffee in der Cafeteria.

Auf diesen Touren haben wir so ziemlich alles gesehen: von Doppelzimmern über Komforteinzelzimmern bis zu kleinen Apartments, Pflege-WGs oder gar Seniorenwohnungen. Alles war möglich. Die Pflege-WGs fand ich megaspannend. Ich finde das Konzept großartig, dass alle ein bisschen aufeinander aufpassen. Aber um mich ging es nicht, nicht ich sollte da einziehen.

Nachdem sich die Verantwortlichen verabschiedeten, hatten mein Papa und ich immer freie Bahn, die Einrichtung auf eigene Faust zu erkunden. Wir waren wie Sherlock Holmes und Dr. Watson und nahmen uns die Zeit, alles auf Herz und Nieren zu prüfen. So betraten wir ein zweites Mal den Eingangsbereich, und meine scharfen Augen scannten alles! »Interessant, Papa«, murmelte ich. »Siehst du die Abnutzungsspuren auf dem Teppich? Hier gehen viele Menschen ein und aus. Ein Zeichen für Aktivität!«, sagte ich und dachte »… oder keine Lust, Geld in die Hand zu nehmen und das Ding auszutauschen? Was kostete das hier noch mal?«

Ganz wichtig war auch immer die Geruchsprobe! Ich schnüffelte schon in der Luft, bevor mein Vater überhaupt seinen ersten Atemzug in der jeweiligen Einrichtung gemacht hatte. Liegt hier ein Hauch von Desinfektion, Urin oder Rinderrouladen in der Luft? Wird Sauberkeit ernst genommen? Das fand ich schnell heraus, indem ich natürlich rein zufällig beim Vorbeigehen mit meiner Hand über diverse Oberflächen strich und die Handfläche dann auf Staub und Fusseln prüfte.

Bei der Zimmerbesichtigung nahm ich den Raum akribisch unter die Lupe. »Ordentlich und gepflegt. Beachten Sie die Ecke des Bettes, Watson! Äh, Papa!« »Keine Staubflusen. Sorgfalt ist hier im Spiel!« Wir checkten die Gemeinschaftsräume. Im Aufenthaltsraum sah ich eine Gruppe von Bewohnern, die Karten spielten. »Ah! Ein sozialer Treffpunkt.« Ich näherte mich einem Kartenspieler und fragte höflich: »Entschuldigen Sie, wird hier öfter Skat gekloppt?« Der Bewohner lachte: »Und ob! Hier is nie langweilig! Immer was los! Uwe hat sogar Sky!« Ich nickte zufrieden.

Ich sprach mit Pflegekräften und stellte präzise Fragen und notierte sie gedanklich auf meinem Notizzettel. Jede Pflegekraft antwortete routiniert. »Die Pfleger sind gut ausgebildet, Watson. Äh, Papa. Kein Zögern oder Unsicherheiten in den Antworten!«

Bei der Frage: »Wie viele Patienten betreuen Sie gleichzeitig?« war jedoch klar: Egal wo ich war, es gab stets zu wenig Pflegepersonal. Um die schwere Arbeit aber dennoch auf die Kette zu bekommen, gab es oft zusätzliche freie Betreuer und ehrenamtliche Helfer. Wir brauchen mehr Menschen in der Pflege! Dieser Hilferuf, der anfangs nur ein Gedanke war, sollte später viele Male aufploppen.

Natürlich entdeckte ich auch den Speiseplan. »Frisch und abwechslungsreich. Hm, werden hier auch individuelle Bedürfnisse berücksichtigt? Maggi aufs Ei! Bautzner Senf auf alles!?« Mein Vater lachte.

Einige Einrichtungen besaßen auch einen eigenen kleinen Bus, der für Ausflüge zur Verfügung stand, was ich auf meiner akribisch geführten Detektivliste positiv vermerkte.

Im Garten hob ich eine Handvoll Erde auf und zerrieb sie zwischen den Fingern. Kritisch roch ich an ihr. Ha! Natürlich nicht! Könnte man aber schon von mir denken, oder? Wenn man es beim Lesen dieses Buches bis hierher geschafft hat. Im Ernst, ihr wisst ja, was ich meine, man sieht schnell, ob ein Garten gut gepflegt und die Pflanzen gesund sind. Dann ist die Atmosphäre angenehm, und irgendwo steht auch ein Grill. Und ja, ich bin ein Freak!

Ich sah Reinigungskräfte, die akribisch putzten, und Reinigungskräfte, die eher durchs Sichtfeld huschten. »Wurden hier etwa wichtige Bereiche vernachlässigt? Hatte Hygiene wirklich oberste Priorität? Watson, äh, Papa, was sagen Sie?« Doch mein Vater zuckte meistens nur mit den Schultern.

Ich führte auch Gespräche mit Bewohnern und fragte sie, wie sie sich in dem Heim fühlten. Bei den Antworten war von »Sehr wohl, wir werden gut betreut!« über »Ich weiß gar nicht, wo ich bin« bis »Ich bleibe hier nicht lange – mein Sohn holt mich gleich ab!« alles dabei. »Zufriedenheit der Bewohner, Watson, äh, Papa. Ein wichtiger Indikator!«

Bei unseren Erkundungen begegneten uns auch ein

paar Demenzkranke. Im ersten Moment war ich erschrocken, aber eher durch die Konfrontation mit dem Krankheitsbild an sich. Ich wusste, dass auch das noch auf mich zukommen würde. Ärzte hatten mich schon früh daraufhin gewiesen, dass bei der Schwere der Hirnschäden meines Vaters Demenz oder Alzheimer eine Begleiterkrankung werden würde. Es war also nicht falsch, sich auch mal auf dieser Etage im Pflegeheim umzuschauen.

Zum Schluss gab es im Auto dann immer das endgültige Urteil, nachdem Holmes und Watson alias Tochter Fine und Papa Hartmut das Heim gründlich untersucht hatten. War es ein empfehlenswerter Ort? Oder flog er von der Liste?

Überraschenderweise hatten wir beide oft denselben Eindruck. Die neuen, sehr cleanen Pflegeheime mit klarer baulicher Struktur, großem Speisesaal und schmucklosen Fluren waren nicht sehr einladend, und es fehlte an Wärme. Ältere Häuser hatten mehr Charme. Da durfte auch mal Eiche rustikal rumstehen. Mein Papa fand Doppelzimmer doof und Pflege-WGs auch. Sonst gab es für ihn keinerlei Dinge, auf die er bestand. Ich fand Brot aus der Tüte blöd und Freizeitangebote wichtig. Bingo, Klönschnack (ich lernte, dass das so was wie eine gemütliche Plauderei war), Karneval, Tanzabende, Sommerfeste, Stammtische, Ausflüge in umliegende Shopping Malls, Filmabende. Würde mein Papa überhaupt eins dieser Angebote wahrnehmen? Nun, das würden wir dann sehen, dachte ich mir. Wichtig war, dass es eine Auswahl gab und grundsätzlich möglich war.

Erst viel später lernte ich, dass Speisepläne und bunte

Poster mit Aktivitätsangeboten auch immer ein bisschen für mich, die Angehörige, gemacht waren. Es fühlte sich so an, als sollten sie meinen letzten Zweifel ausräumen und mir ein gutes Gefühl geben. Das »Hier ist man gut aufgehoben!«-Gefühl beim Verlassen des Pflegeheims sollte sich auf dem Nachhauseweg wie ein Tuch aus Kaschmir um meine Schultern legen.

Letztendlich lernte ich schon bei den Besichtigungen etwas sehr Wichtiges, das mich bis heute in meinem Leben als Mutter und auch als Ehefrau begleitet: Kompromissbereitschaft! Ein Pflegeheim auszusuchen war kein Wunschkonzert. Die Heime platzten aus allen Nähten, und es gab lange Wartelisten. Und so schrieben auch wir »Hartmut Kalze« auf solch eine Liste. Und glaubt mir, der Stift lag keineswegs fest in meiner Hand.

Zimmer frei!

Auch wenn es schmerzt dich so zu sehen
Du bleibst mein Herz und mein Gefühl
Papa ohne dich könnte ich nicht gehen
Hast mir gezeigt wie es geht – auch
wenn es nicht weitergeht.

aus: »Im Sommer stirbt man nicht«

Seit mein Papa nach der Herzoperation und dem Schlaganfall aus dem künstlichen Koma erwacht war, haben wir beide noch mal laufen gelernt. Durch ihn bin ich noch einmal neu und anders groß geworden. Ich habe eine Kraft entwickelt, die ich mir nie hätte vorstellen können. Der Glaube an das Gute wuchs und wuchs, während der Pessimismus sich langsam, aber sicher aus meinem Leben verabschiedete. Ich habe verstanden, dass man sich manchmal selbst ein bisschen hinters Licht führen muss, um bestimmte Situationen zu überstehen und sich dabei trotzdem treu zu bleiben.

Ich habe kaum Berührungsängste, und mein Blick auf die Menschen hat sich tiefgreifend verändert. Habe ich früher vielleicht vorschnell geurteilt, denke ich heute über das nach, was sich hinter manch menschlicher Mauer verbirgt. Ich habe für mich herausgefunden, was der Mensch am meisten braucht. Das ist weder eine fette Karre noch ein prächtiges Collier und erst recht keine dicken Titten. Was ich brauche, ist die Gewissheit, dass da jemand ist, der mich bedingungslos liebt und im Falle eines Falles meinen schrumpeligen Hintern abwischt.

Mein Blick auf meinen Job hat sich verändert. Früher wollte ich berühmt werden. Heute schaue ich auf das, was ich tue, und frage mich, wem das etwas nützt und warum? Meinen Vater zu pflegen war die ehrlichste und nützlichste Aufgabe, die ich je im Leben erfüllt habe. Sie hat mich vorbereitet auf das, was dann folgte: Meine Kinder bedingungslos durchs Leben zu begleiten und meine Familie zu beschützen.

Und zu der gehört natürlich auch mein Papa! »Weggeben« wird für mich niemals »aufgeben« heißen! Ihn jetzt loslassen zu können war ein Prozess, der immer noch andauert. Aber damals zum Beispiel, auf der Intensivstation, da stand »loslassen« nie zur Debatte. Ich wollte ums Verrecken auch noch irgendwo »Kind« sein und wenigstens weiterhin einen Papa in meinem Leben haben. Meinen Papa.

Heute hält sich meine Angst, ihn zu verlieren, in Grenzen, weil ich lernen durfte, dass der Tag, an dem er für immer gehen muss, kommen wird.

Diesen tröstlichen Gedanken hing ich so nach, als endlich der erlösende Anruf kam: Zimmer frei! Ein Pflegeheim ganz in der Nähe, easy mit dem Rad erreichbar. Allerdings Brot aus der Tüte. Tja, mein Vater konnte sehr gut damit leben, und darum ging es schließlich. Alle packten mit an. Arne, unsere Freunde und Nachbarn. Meine Kugel war bereits so groß, dass ich weniger schleppte und mehr rumkommandierte. Das kann ich gut. Hier das Regal. Dort bitte die Lampe. Die Holzstühle bitte gleich auf den Balkon! Danke!

Ich richtete das Zimmer meines Vaters gemütlich ein. Alle Möbel aus seinem Zimmer bei uns zu Hause passten gut in sein neues. Zusätzlich stellte ich noch Tisch und Stühle hin. Unsere »Mensch ärgere Dich nicht«-Runden sollten schließlich weitergehen.

Die Therapeuten waren nun andere. Von deren Qualitäten bekam ich nichts mit. Aber zuletzt wiesen mich sogar die Pfleger im Heim darauf hin, dass die Logopädin eine absolute Katastrophe sei. Somit kamen und gingen immer wieder neue Leute, und mein Vater hielt sich an niemandem fest. Ergo und Physio wurden plötzlich zusammengelegt und damit halbierte sich die Leistung direkt. So oft ich konnte, kam ich vorbei, um meinen Papa zu seinem Training zu animieren, aber ich wollte auch nicht diejenige sein, die zu Besuch kam und ihn dann ständig nur triezte.

Ich wollte eigentlich einfach nur mit meinem Papa spazieren und Kaffee trinken gehen. Ihn zum Essen abholen, ihm mit seinen Enkelinnen auf die Nerven gehen oder in die Oper einladen.

Auf die Frage, welche Freizeitangebote von diesem schönen Poster mein Vater denn wahrnahm, kam ernüchternd: »Keine!« Mein Papa konnte nicht reden. Es war ihm unangenehm. Also mied er den Stammtisch und ging natürlich auch nicht zur lockeren Plauderei. Seine Behinderungen waren offensichtlich zu groß, als dass er sich von allein aufraffen konnte, irgendetwas zu unternehmen, um Anschluss zu finden.

Zudem wurde er in seinem neuen Domizil gefragt: »Herr Kalze, wollen Sie mitkommen zum Spaziergang?« Er war ja schließlich ein Mensch mit eigenem Willen. Und ja, das ist auch absolut richtig! Regina oder ich haben ehrlicherweise nie gefragt. Wir haben uns einfach angezogen und sind mit ihm rausgegangen. Es gehörte zum Tagesablauf dazu. Bei uns kam er raus, im Heim sagte er nein. Und so saß er eigentlich ständig in seinem Zimmer. Auf Sommerfeste wollte er nicht, Bingo fand er albern, Grillabende bedeuteten ihm nichts.

Was ist richtig, was ist falsch? Was gesünder ist, die Antwort kenne ich. Im Pflegeheim saß mein Papa oft tagelang drinnen, ohne den Rolli vor die Tür zu setzen und mal das Gesicht in Richtung Sonne zu strecken. Seine Haut wurde blass und fahl. Seine Augen leer. Es gab nur eins in seinem Leben: den Fernseher. Pures Gift für Menschen mit Schlaganfall. Sich berieseln zu lassen und die Lampen dort oben zu dimmen, das habe ich immer zu verhindern versucht. Nicht ein einziges Mal habe ich das Pflegeheim nach einem Besuch glücklich verlassen. Meistens habe ich im Auto geheult. An der Qualität der Pfleger lag es nicht. Aber es waren einfach zu wenige. Auch wenn der ein oder andere eine besondere Bindung zu meinem Vater aufbauen konnte. Wir haben einen Pflegenotstand! Fertig! Und wir haben einen Mann, der neurologisch keine Entscheidungen treffen kann und dessen eigener Antrieb niedriger ist als das Tote Meer, das 430 Meter unter dem Meeresspiegel liegt!

Am Ende ist genau das eingetreten, wovor ich so große Angst gehabt hatte. Mein Vater baute innerhalb eines Jahres rapide ab. Zum ersten Mal erkannte man an ihm demente Züge.

14

HARTMUT HAUT AB

Der Lehrer fragt die Schüler: »Wer kann mir die Weinsorte nennen, die am Fuße des Vesuvs wächst?« Meldet sich Hartmut. »Das müsste der Glühwein sein!«

Wenn es draußen klirrend kalt ist, ziehen wir Menschen uns ins heimelige Nest zurück. In meiner Kindheit war das für mich eine der schönsten Zeiten, auch oder gerade weil wir da unser ganz eigenes Kalze-Ritual begingen. Meine Mama stand stundenlang mit Hingabe in der Küche und hat Essen vorbereit, gefühlt für eine ganze Kleinstadt.

Wie das konkret aussah? So zum Beispiel: Es war 2010, mein Papa und ich waren gerade auf der Rückfahrt von Berlin nach Halle – er hatte es sich nie nehmen lassen, egal, wo ich wohnte, den Weihnachtsbaum zu schmücken –, als meine Mama anrief. »Könnt ihr bitte in Potsdam halten, ich habe da etwas organisiert, was abgeholt werden müsste.« Sie gab uns die genaue Adresse.

Wir fuhren hin, und da war es dann, dieses tote Reh, zwar ausgenommen, aber ansonsten in einem Stück. Na ja, was soll ich sagen, wir packten es auf eine Decke in mein Auto und düsten weiter Richtung Heimat, wo meine Mama uns drei schon freudig erwartete. Auf dem Fliesenboden in der Küche wurde das tote Tier in seine Einzelteile zerlegt, in beschriftete Gefrierbeutel gestopft, und der Rest wurde zu einem köstlichen Ragout zusammengerührt. Es war ein Festmahl.

Während sich meine Mutter zu Weihnachten also um das Essen kümmerte, befasste sich mein Vater mit dem ausgeklügelten System der Weihnachtsbaumbeleuchtung. Mit den Jahren hatte er eine besondere Technik zur Anordnung der Lichterkette entwickelt, die wir Kinder später nahtlos in unser Leben übertragen haben. Nach unverzichtbarem Funktionstest begann er die erste von unten um die unteren Zweige zu wickeln. Wir mussten die Enden halten, damit er sich nicht verwurstelte, die zweite folgte nach ebendieser Technik, und so ging es weiter bis nach oben zur Spitze. Stecker rein, Licht an! Dann kamen die roten und silbernen Kugeln, die schon seit Jahrzehnten immer dieselben waren und deswegen auch beim Abschmücken ordentlich in Seidenpapier und Watte eingeschlagen wurden, damit sie nicht kaputtgingen.

Später, als mein Papa schon bei uns in Hamburg lebte, sollte sich an diesem Ritual nichts ändern. Ich packte alle Lichterketten auf seinen Tisch am Rolli und kontrollierte zunächst so wie er früher, ob sie funktionierten. Das sah sehr lustig aus, mein Papa erleuchtet zwischen all den strahlenden Birnen in seinem Rollstuhl. »So, fertig«, sagte ich dann auch, und wir mussten beide herzhaft lachen.

Das waren so die kleinen Dinge, die mich manchmal aus der ernsten Realität der Pflege holten. Und wofür ich Weihnachten liebte. Gerade dafür. Umso wichtiger war es mir, diese Rituale nach dem Tod meiner Mama und dem Schlaganfall meines Papas beizubehalten. Nicht weil ich das muss, sondern weil ich das lebe.

Es gibt noch eine weitere Tradition, die wir ausgiebig zelebrieren. Weihnachten beginnt nämlich bei uns nicht erst mit dem ersten Advent. Sobald die Festtagsschokolade in den Supermärkten steht und die ersten Glühweinstände aufmachen, bin ich nicht mehr zu bremsen. Wie viele Stunden habe ich auf dem Weihnachtsmarkt verbracht, um mich mit der Familie und Freunden zu treffen, um irgendwann zu merken, dass wir wirklich auch den letzten Glühweinstand durch und jede Bratwurst, oder wie wir in Halle sagen »'ne schöne Roster!«, probiert hatten.

So rollte ich mit Papa in Hamburg über gefühlt jeden Weihnachtmarkt, trank Glühwein und aß Roster, schwelgte in Emotionen und war trotz der Umstände sehr sehr glücklich.

Das hatte sich 2020 mit der Pandemie und den strikten Vorschriften allerdings plötzlich radikal geändert. Mein Papa war damals schon im Pflegeheim. Bis dahin hatte ich ihn, so oft ich konnte, besucht, und wenn es nicht ging, war Regina da.

Wenn ich kam, hatten wir immer unser Ritual: schick machen, mit dem Rollstuhl zum Bäcker fahren, um dort Kaffee zu trinken und Kuchen zu essen, und dann weiter auf den Weihnachtsmarkt. Nun aber gab es das Kontaktverbot, Angehörige wurden isoliert. Ich selbst hatte in meiner kleinen Familie mit kindlichen Infekten und den typischen winterlichen Erkältungen zu kämpfen.

Trotzdem kam es überhaupt nicht infrage, dass mein Papa wegen der Isolierung nicht auch sein ganz besonderes Weihnachtsfest bekommen sollte. Ich meine, ich bin Fine, ich kann improvisieren! Und das ging dann so: Ich besorgte einen Baum, Lichterkette, Kugeln und einen dieser Einkaufswägen aus dem Baumarkt.

Damit schob ich den Baum zum Heim, postierte mich auf der Wiese davor, während mein Vater mich durchs Fenster beobachtete. Erst die Lichterketten von unten nach oben, wie es sich gehörte, und dann der Kalze-Tradition nach die Weihnachtskugeln von Oma Luzie. So schmückte ich fleißig den Baum unter den Augen meines kritischen Papas, neben mir die Thermoskanne Grog, welche mich immer wieder zum Glühen und auch lustiger werden ließ. Egal was meine fast erfrorenen Finger sagten, mein Papa fand es großartig, das sah ich von weitem, und dieses Gefühl wärmte mich so sehr, dass es fast das beste Weihnachtsschmücken ever wurde.

Unser persönliches Treffen mussten wir auf Heiligabend vertagen. Da war es laut Ausnahmeregelung möglich, einen Verwandten bei sich zu haben.

Die Pfleger fuhren meinen geschmückten Weihnachtsbaum in sein Zimmer und steckten hoffentlich die Lichterkette in die Steckdose. Ich habe ihn nie leuchten gesehen, obwohl er wahrscheinlich noch bis Ostern in seinem Zimmer stand.

Ich bin dann mal weg!

Dann ziehen wir los und alle Türen zu
Rufen n Taxi ran, es fährt vorbei am Blues
bringt uns rein ins Hyper
Hyper unserer Zeit

aus: »Mehr davon«

Generell war die Coronazeit schwierig für uns alle. Ich versuchte meinem Vater immer wieder zu erklären, was vor sich ging, später während des Kontaktverbots per Telefon. »Papa, es hat nichts damit zu tun, dass ich nicht zu dir kommen möchte, im Moment geht es aber leider nicht.« Mein Papa hat in seinem Zimmer natürlich Nachrichten geschaut, aber inwieweit er wirklich verstanden hat, was da draußen in der Welt passierte, weiß ich nicht. Für uns alle war das Ganze ja schwer zu begreifen.

Was er aber verstanden hat, waren die Veränderungen, die er nun täglich im Pflegeheim erlebte. Gegessen wurde normalerweise im Saal, alle zusammen, das war ein Ritual, das aber plötzlich nicht mehr stattfand. Mein Papa saß fortan wieder allein in seinem Zimmer. Die Situation war teilweise so streng, dass die Bewohner und Bewohnerinnen ihre Zimmer nicht verlassen durften und die Pflegerinnen mit noch mehr Sicherheitskleidung und Mundschutz ihre Arbeit verrichteten. Ich kann nur erahnen, wie schrecklich das für alle Bewohner gewesen sein muss. Von heute auf morgen statt des Besuchs lieber Verwandter Isolationshaft. Mein Vater bildete da keine Ausnahme. Und ich kann es mir lebhaft vorstellen, wie er in seinem Zimmer hockte – keine Fine, keine Regina, keine Abstecher am Sonntag in die »alte WG« – und es in ihm zu rumoren begann.

Es war ebendieser Winter 2020, es war kalt, es war grau, als ich vollkommen überraschend einen aufgeregten Anruf aus dem Pflegeheim erhielt. »Ihr Vater ist weg!«

Nach dem ersten Schock und dem wirklich schlimmen Gedanken, mein Papa würde sich aus lauter Einsamkeit etwas antun – wir hatten uns mittlerweile über fünf Wochen nicht gesehen –, begann ich jedoch innerlich zu schmunzeln. Ich hatte da so einen Verdacht. Schließlich kannte ich dieses Kalze-Gen, das nichts so akzeptierte, wie es war, wenn das eben nicht akzeptabel war!

Also machte ich mich auf den Weg, meinen Vater zu suchen. Viele Möglichkeiten gab es nicht, und ich kannte sie alle. So hatten wir in diesen zwei Jahren Pflegeheim einen Lieblingsbäcker; der sollte mein erster Anlaufpunkt sein. Doch ich hatte in all der Aufregung vergessen, dass durch Corona alle Lokalitäten, in denen wir früher unsere Nachmittage verbracht hatten, geschlossen waren.

Ich überlegte. Der einzige Ort, der immer geöffnet war, war unsere Wohnung. Sollte mein verrückter, wagemutiger Vater wirklich auf dem Weg zu uns sein? Und dann auch noch ohne Jacke? Die hatte er nämlich im Heim gelassen, sagte man mir. Aber er hatte ja trainiert. Und durch die körperliche Anstrengung würde ihm von allein warm, redete ich mir gut zu. Aber nein, sagte dann die andere Stimme, er kennt den Weg ja gar nicht.

Plötzlich sprach mich eine Frau an. Ich war so in meiner Suche und den Gedanken versunken, dass ich mich selbst erst mal orientieren musste. »Suchen Sie vielleicht den Mann im Rollstuhl?« Wahnsinn, anscheinend hatte man mir das in meiner eigenen Verlorenheit komplett angesehen. Und die Frau hat eins und eins zusammengezählt. Was für eine Fügung. Natürlich suchte ich »den Mann im Rollstuhl«.

»Er war hier gerade am Bäcker und ist in diese Richtung gerollt.« Ich bedankte mich und ging weiter in die beschriebene Richtung. Der Bäcker lag von seinem Heim ungefähr einen Kilometer entfernt. Ich selbst war von zu Hause schon drei gegangen. Ich lief die Straßen ab. Weit konnte er ja nicht sein. Und tatsächlich fand ich ihn kurze Zeit später an einer Ecke im Rolli sitzend. Als er mich sah, lächelte er mich an. Mission completed! Vor Freude und all diesen Emotionen liefen mir wieder mal die Tränen. Ich legte ihm meinen dicken Schal um und uns war beiden klar, das müssen wir feiern! Wir gingen nicht auf direktem Wege zurück ins Pflegeheim, sondern nutzten nach all den Wochen des Nichtsehens endlich mal wieder unsere geschenkte Vater-Tochter Zeit.

Rein in die Lokale durfte man nicht, aber draußen gab es einen kleinen Glühweinstand. Nichts wie hin. Glühwein wärmt auch gut von innen. Und so genossen wir den Nachmittag: Mein Vater hatte sein Ziel erreicht, und ich war wirklich stolz und wahnsinnig glücklich über seinen Mut. Und noch mehr darüber, ihn ganz fest ohne Beschränkungen umarmen zu können. Das tat uns beiden gut!

Für die Zukunft riet ich ihm, vor seinen nächsten Ausflügen wenigstens irgendjemandem im Heim Bescheid zu geben. Dann bekämen nicht alle Mitarbeiter Schnappatmung, wenn er mal wieder entwischt war, sondern könnten mich mit den Worten informieren:

»Frau Kalze, Ihr Vater macht mal wieder los!«

Endgültiger Auszug

Der Moment wenn du lächelst
Holt mich ab und wieder raus
Ein Moment der mir verspricht
Im Sommer stirbt man nicht!

aus »Im Sommer stirbt man nicht«

Als man zu Beginn von 2021 die Einrichtung wieder betreten durfte, mit Maske und tagesaktuellem Corona-Test, und ich zum ersten Mal seit langem wieder in sein Zimmer kam, taumelte ich entsetzt zurück: Es war unfassbar schmutzig. Das Bad war offenbar eine Ewigkeit nicht geputzt worden, und in den Ecken tummelten sich die Wollmäuse, wobei man hier schon eher von Wollmammuts sprechen musste. Auf den Lampen und den Regalen lag so viel Staub, dass man locker hätte »Putz mich bitte!« drauf schreiben können. Der Tisch war verklebt und bekleckst. Seine Teetasse schien gar nicht mehr gespült zu werden. Es war, als hätte der Dreck beschlossen, ein eigenes Königreich zu gründen – mit meinem Papa als einzigem und unfreiwilligem Untertan.

Er selbst saß im Rollstuhl vorm Fernseher, ein alter grauer Mann, blickte auf und versuchte zu lächeln. Er sah aus, als hätte er gerade einen Sauerkrautwettbewerb gewonnen. Wochenlang hatten wir uns nicht gesehen, nur telefoniert. Ich hatte erzählt, er jeweils mit ja und nein geantwortet. Am Ende jedoch sprach mein Papa gar nicht mehr und legte einfach auf. Wochenlang konnte ich nicht schauen, ob alles seinen Gang ging. Ob es ihm gut ging. Was offensichtlich ganz und gar nicht der Fall war.

Ich machte Fotos und anschließend ein Riesenfass auf! War meine Kompromissbereitschaft in den zwei Jahren, in denen mein Vater im Pflegeheim war, rasant gewachsen, hatte sie jetzt ein Ende! Corona hatte die Türen verschlossen und mich als Kontrollinstanz außer Gefecht gesetzt. Und da merkte ich, dass es dieses ständige Nachfragen und Leuten auf den Sack gehen wohl wirklich brauchte, um klarzumachen: Mit meinem Papa nicht!

Ihr könnt euch vorstellen, wie super das ankam. Ich wirkte manchmal wahrscheinlich so unsympathisch, dass selbst die Zimmerpflanzen sich wegdrehten, wenn ich das Dienstzimmer der Pfleger und Pflegerinnen betrat.

Ich schreibe das wirklich nur ungern, denn ich weiß, dass sie genauso wenig Einfluss auf die Putzkolonne haben wie ein Eisbär auf eine Klimaanlage. Corona traf uns alle auf eine unvorhersehbare Weise. Ich weiß, dass es zu wenig Personal gibt, und ich weiß, dass Engagement und Motivation nicht immer angemessen bezahlt werden.

Aber das entschuldigt nicht, dass mein Vater, halbseitig gelähmt, ein ganzes Schnitzel mit einer Gabel essen sollte. Als ich sah, wie er es aufspießte, um daran abzubeißen, und es den Eindruck machte, als wäre das Normalität für ihn, stand ich von seinem Tisch auf, lief direkt ins Büro des Pflegeheims und kündigte seinen Vertrag zum nächstmöglichen Zeitpunkt.

Nun stand ich da und brauchte recht schnell ein neues Dach über dem Kopf für meinen Papa. Meins kam nicht mehr infrage. Sein altes Zimmer war mittlerweile zu einem kunterbunten Kinderparadies geworden, und ich hatte es endlich geschafft, einen Weg zu finden, sowohl für meine Familie als auch für meinen Vater da zu sein. Ihn wieder bei uns einziehen zu lassen, war keine Alternative mehr.

Ich mache es kurz: Ich hatte wieder mal riesiges Glück, denn exakt das Haus vom Roten Kreuz, das ich mir schon damals für meinen Papa gewünscht hatte, inserierte nun eine kleine Wohnung. Ich zog los, setzte alle Hebel in Bewegung, akzeptierte den renovierungsbedürftigen Zustand, verlegte neuen Boden, strich die Bude, machte den Balkon hübsch, baute eine Küche auf, richtete zwei Zimmer ein und: Ich holte Regina zurück!

»Haaaaartmut!! Iiise schön waaas? Regina hat se dich schon vermisst! Aaallles wird gut!«

Und das wurde es!

15

IM SOMMER STIRBT MAN NICHT

Arzt zum Patienten: »Tut mir leid, Ihnen die schlechte Nachricht überbringen zu müssen. Sie haben Krebs und Alzheimer.«
Patient: »Na, Gott sei Dank keinen Krebs.«

Ihr merkt, dass euch nur noch wenige Seiten bleiben und dieses Buch sich dem Ende nähert. Das bedeutet, dass ich die Sache mit dem Krebs jetzt kurzhalte. Würde ich euch die ganze Geschichte erzählen, könnte dieses Buch dem *Brockhaus* Konkurrenz machen. Aber ich sage euch, nachdem wir noch vor nicht allzu langer Zeit so trefflich über das Ausbüchsmanöver meines Vaters gelacht haben, kam dann wieder die nächste Keule. Es war, als hätte das Leben beschlossen, ihm das volle Paket an Herausforderungen zu schicken. Ein Abo mit unbegrenzter Laufzeit. Ohne Rückgaberecht, ohne Kündigungsoption und mit ständig neuen Überraschungen. Ich hatte mir ehrlicherweise zum ersten Mal gewünscht, dass wenigstens eines dieser Pakete bei irgendeinem Nachbarn abgegeben wird und nicht ständig vor seiner Haustür liegt. Aber die Diagnose Krebs war leider eindeutig an ihn adressiert.

Mein Vater hatte Leukämie, Lymphdrüsenkrebs, mit Metastasen an der Milz. Und ihm das zu sagen, fiel mir unglaublich schwer. Er hatte doch schon weiß Gott genug um die Ohren. Seine Reaktion damals war übrigens, dass er sich drei Tage wütend und zornig zurückzog und niemanden sehen wollte.

Wieder einmal wurde die Maschinerie angeschmissen, und wir taten alles, was möglich war, um meinen Papa gesund zu kriegen. Chemotherapie, Immuntherapie, durchkreuzt von einer Lungenentzündung und epileptischen Anfällen seinerseits. Es sah nicht gut aus für ihn.

Meinem Vater und mir wurde eine Psychoonkologin empfohlen. Dass mein Vater seine Fragen, Ängste und Sorgen sprachlich nicht mitteilen konnte, belastete ihn schwer. Aber sie schaffte etwas, was unsere Vater-Tochter-Beziehung revolutionierte. Sie erklärte uns, wie wichtig es sei, dass mein Vater und ich uns voneinander lösten.

Sie sagte mir im Vertrauen, dass mein Papa sich an mir festhalte, weil nur ich ihn verstünde und für ihn sein ganzes Leben ausmachte. Genauso wie sie sagte, ich hielte an ihm fest, weil ich ihn nicht gehen lassen könne, weil ich spürte, dass er wiederum mich festhält. Wenn wir nicht beginnen, uns voneinander zu lösen, wird er nie das Gefühl haben, »gehen zu können«, weil er glauben wird, mich allein zurückzulassen.

Das traf mich wie ein pitschnasser Lappen im Gesicht! Aber sie hatte so verdammt recht! Mein Vater und ich hatten uns zwar räumlich voneinander getrennt, aber insgeheim war das Einzige, was sich änderte, seine Adresse. Die Energie und meine Kraft flossen auch weiterhin in seine Richtung.

Ich dachte lange über ihre Worte nach. Ich fühlte mich an den schlechten Tagen meines Vaters unglaublich hilflos. Ich konnte es nicht ändern! Bis spät in die Nacht blieb ich wach und starrte in die Dunkelheit, als hätte ich die Nachtschicht in einer Eulenfabrik bekommen.

Ich erinnerte mich zurück an diese kleine Schleuse auf der Intensivstation in Halle, in die man mich brachte, während mein Papa reanimiert wurde. Eine Art Transit zwischen Leben und Tod. Wieder blieb mir nur die Hoffnung, dass morgen alles besser wäre. »Im Sommer stirbt man nicht!«, dachte ich immer und immer wieder. Fast schon wie ein Mantra gerichtet an das Gute. Nur dieses Mal war ich in keiner Schleuse. Ich stand im Kinderzimmer, sah meinen beiden wunderbaren Mädchen beim Träumen zu und lauschte ihrem Atem. Ich war nicht mehr allein!

Am nächsten Tag setzte ich mich zu meinem Papa ans Bett. Wortlos. Tränen rollten uns über die Gesichter. Dann sagte ich: »Scheiße, wa, es hört einfach nicht auf!« Er schluchzte. Wieder einmal nahm ich die Hand meines Vaters und legte meine Wange hinein. Wisst ihr, meine Wange passt ganz genau in die Handfläche meines Vaters.

Das, was ich sagen wollte, fiel mir unglaublich schwer, aber als ich es dann aussprach, war meine Stimme trotzdem fest. »Papa, wenn das alles zu viel ist, wenn du nicht mehr kannst, oder wenn du nicht mehr willst, dann ist das okay. Bitte quäl dich nicht für mich! Es ist anders als damals! Ich bin nicht allein!« Mein Papa sah mich einfach nur an. »Wenn du aber kämpfen willst, dann kämpfe ich mit dir, und wir sind dankbar für jede Ehrenrunde!«

Mein Papa entschied sich fürs Kämpfen!

Und so brachte ich jeden Tag frisches Mittagessen in die Klinik, hob ihn in seinen Rollstuhl, fuhr mit ihm in die Cafeteria und machte sein Abendbrot. Egal wo wir waren, unseren kleinen Ritualen blieben wir treu.

Auch Regina ging jeden Tag ins Krankenhaus und übernahm weiterhin morgens die Pflege und das Frühstück. Die Krebsstation war so krass unterbesetzt, daher war ich mehr als dankbar für diese Hilfe. Wir schauten zusammen die Tour de France, während die Chemotherapie in seine Vene floss. Am Ende der Therapie wog mein Vater fast nichts mehr und war nur noch Haut und Knochen.

Aber! Mein Papa schaffte es, den Krebs zu besiegen. Die Metastasen waren weg. Es war kurz vor Weihnachten 2022. Das Lachen kehrte zurück in mein Leben – und es passierte! Ich erzählte meinen ersten Witz!

»Papa, warum sind Skelette so schlechte Lügner?«, fragte ich ihn.

Er sah mich mit einem müden Lächeln an und zuckte mit den Schultern.

»Ganz einfach, Papa! Weil man direkt durch sie hindurchsehen kann!«

Da lachten wir beide, und es fühlte sich in diesem Moment an, als hätte ich das größte Geschenk der Welt bekommen!

Ich kann euch bis heute nicht sagen, wie es mein Papa geschafft hatte, auch noch diesen Mist durchzustehen. Manchmal scheint er mir fast ein bisschen außerirdisch. Aber diese Zeit machte vor allem mir etwas klar! Ich nehme jeden Tag, an dem ich meinen Vater in meinem Leben habe, dankend an. Ich bin nicht mehr sein Motivationscoach. Ich bin die, die seine Ehrenrunden so schön wie möglich machen möchte. Ich bin die, die ihn zum Frühstück besucht. Zu Spaziergängen an der Elbe abholt, Opernkarten besorgt, Grillpartys schmeißt. Er ist der, der nie als Erster eine Feier verlässt, der seine Enkelinnen beobachtet, die auf ihn einplappern, schlimmer als ich es als Kind je getan habe. Der immer aufs Klo muss und weiß, dass ich es irgendwie möglich mache, eins zu finden, auf dem er kurz seine Ruhe hat. Manchmal schaut er sich gesunde Männer an, beobachtet, wie sie in seinem Alter ihrer Frau die Jacke halten oder Hand in Hand an der Alster spazieren. In diesen Momenten tut auch mein Herz weh. Manchmal hocke ich mich dann neben ihn, schau ihn an und sage: »Danke, dass du da bist.«

Jetzt Fetzt!

JETZT FETZT! Genieße den Moment!
JETZT FETZT! Gib dafür dein letztes Hemd!
JETZT FETZT! Was ist los?!
JETZT FETZT! Geile Show!

aus: »Jetzt Fetzt!«

Ich habe durch das Zusammenleben mit meinem Vater gelernt, dass es schwierig ist, im Leben die Balance zu halten. »Bleib im Gleichgewicht!« ist so einfach gesagt, aber wie, wenn das Schlimme auf der einen Seite so schwer wiegt und das Glück nicht hinterherkommt, seinen Platz auf der Waage ausreichend einzunehmen?

Aber vielleicht musste ich nur genauer hinschauen! Ich habe in der härtesten Zeit meines Lebens zwei großartige Kinder bekommen. Meine Hochzeit war ein dreitägiges Fest der Freude! Ihr könnt euch vorstellen, wie viel Glück auf Vorrat ich also angehäuft habe. Ich habe in der dunkelsten Zeit, während mein Papa auf der Intensivstation um sein Leben kämpfte, einen neuen Job bekommen, den ich mir von Herzen wünschte. Lernte dadurch wunderbare neue und verständnisvolle Leute kennen, die mein Leben nicht nur als Kollegen bereichern.

Heute noch denke ich, wenn das Glück in meinem Leben schier überzulaufen scheint, dass bestimmt schon wieder irgendetwas Schreckliches in den Startlöchern steht. Doch ich lernte und lerne noch immer zu vertrauen, dass ich das packen kann, weil ich schon so vieles geschafft habe. Ich versuche dann im Jetzt zu bleiben, denn das ist es, was zählt:

Jetzt fetzt!

Morgen kann schon wieder alles anders sein, und wenn dann heute der Tag ist, an dem es noch flutscht, dann darf dieser nicht vergehen, ohne mindestens einmal gelächelt zu haben. Nun, und was soll ich sagen, seitdem ich fast täglich einen Witz in den sozialen Medien poste, gelingt mir das auch meistens. Lachen hat mir und meinem Vater viel geholfen. Besonders die Situationen, über die nur ausschließlich wir beide lachen konnten, waren die besten. Humor war es, der uns immer eine Brücke baute, um die schlimmen Phasen im Leben sicher überqueren zu können und auf der anderen Seite sanft anzukommen. Ich habe für mich gelernt, dass es wunderbar ist, etwas zu tun, das jemand anderem hilft, ohne dabei eine Gegenleistung zu erwarten.

Dass meine Witze, die allesamt geklaut und zum Teil hornalt sind, solch einen Anklang finden würden und nun über eine halbe Million Menschen gerne mit mir zusammen lachen, hatte ich null auf dem Zettel! Die vielen wunderbaren Nachrichten und Kommentare von euch auf Social Media zeigen mir, dass ich auch für die Balance auf fremden Waagen des Lebens sorge. Eine junge Frau schrieb mir einmal über Facebook, dass sie seit Wochen am Bett ihres schwer erkrankten Babys sitzt, das am Kopf operiert wurde. Dass sie nur mal kurz rausmusste, vor die Tür, weil wieder alles so schlimm war. Ohne Grund scrollte sie im Handy rum und stolperte über einen Witz von mir. Sie musste so laut lachen, dass andere sie fragend ansahen. Es brach aus ihr raus, und dafür war sie dankbar, denn sie hatte seit Wochen nicht mehr gelacht. Doch in einem Moment des tiefen Schmerzes bahnte sich Humor seinen Weg und nahm ihr kurz den großen Stein vom Herzen, nahm ihn ihr für ein paar Sekunden ab.

Viele schreiben mir, dass sie glaubten, dass ihnen ihr Lachen verloren gegangen war. Durch anhaltende Depressionen, Burnouts, Krebserkrankungen, Liebesschmerz, Verlust eines geliebten Menschen, schwer zu bewältigende Aufgaben oder etwas anderes aus der Vielzahl und Vielfältigkeit von Schicksalsschlägen, die dieses Leben zu bieten hat.

Dass aber offensichtlich nichts Großes, sondern nur ein kleiner, dummer Witz und eine Frau mit schlechter (wahlweise: keiner) Frisur, die sich meistens schon vor der Pointe wegschmeißt, dafür verantwortlich war, dass sie kurz all ihre Sorgen vergaßen – das hätte ich nie erwartet!

In meiner Show *Jetzt Fetzt!* – jetzt könnt ihr euch vielleicht auch vorstellen, warum die so heißt – gibt es einen Witzezeitstrahl. Der allererste Witz, den man je gefunden hat, kommt aus dem sumerischen Reich, so circa 1900 bis 1600 vor Christus. Und er lautet: *»Eine Frau setzt sich auf den Schoß eines Mannes und furzt nicht!«*

Was bitte ist daran aus heutiger Sicht witzig? Und doch: Ich hatte einen nicht enden wollenden Lachflash! Für mich zeigt dieser Witz, wie sich Frauen offensichtlich damals verhalten haben. Da wurde nicht von rechts nach links gewischt und so à la Tinder, fast schon niederträchtig einfach, der nächste Geschlechtspartner oder die nächste Partnerin »gematcht«, die dann aber bitte anatomisch gar nicht in der Lage ist zu pupsen, morgens aus dem Mund nach Rosen riecht und am besten vorm Frühstück wieder geht, damit das Croissant nicht geteilt werden muss. Ich übertreibe!

Damals hat man sich auf den Schoß eines Mannes gesetzt, ordentlich einen Koffer abgestellt und allen, die sich deinem Objekt der Begierde auch nähern wollten, absolut klargemacht: »Meinor!« Herrlich! Ich muss schon wieder lachen!

Wir reden bei *Jetzt Fetzt!* auch über »Flüsterwitze«, Witze, die man sich im Dritten Reich erzählt hat. Oder die Witze, die zu DDR-Zeiten hinter vorgehaltener Hand rausgehauen wurden. Über die legendären Ostfriesen-Witze, Blondinenwitze, Deine-Mudda-Witze, Chuck-Norris-Witze! Ach so, ich weiß nicht, ob ihr das schon wusstet, aber Chuck Norris ist leider vorgestern verstorben. Es soll ihm aber schon wieder besser gehen!

Sicher könnt ihr euch vorstellen, dass nicht jeder meine Gags mag oder die Art und Weise, wie ich sie vortrage. Na klar – Humor ist Geschmackssache. Das wissen wir alle. Vielleicht kennen viele von euch, die dieses Buch lesen, meine Witze nicht und werden sich hinterher fragen, wie kann jemand auf der einen Seite so tiefgründig und auf der anderen so platt sein? Tja, alles eine Frage der Balance!

Es gibt auch böse, unglaublich schlecht gelaunte Nachrichten und Kommentare, die zum Teil das fiese Unterhosen-Level erreichen. »Deine Titten sind so flach wie deine Witze!« (Da musste ich sehr lachen.) Oder: »Bei deinen Zähnen würde ich mir das nicht trauen, Dracula!« (Da musste ich auch sehr lachen.)

Wenn ich so etwas lese, dann bin ich stolz auf mich und meine Geschichte. Mit den Titten, das weiß ich doch selbst, und die Zähne habe ich, seit ich sieben Jahre alt bin. Man erzählt mir damit also nichts Neues. Aber was neu ist: Es verletzt mich nicht! Ich habe meine Mutter beerdigt. Meinem Vater bei all seinen Kämpfen zur Seite gestanden. Um mich in die Knie zu zwingen, braucht es schon ein bisschen mehr als das. Ich weiß, der Tag des Abschieds wird kommen. Aber ich habe jetzt zwei wunderbare Kinder, einen tollen Ehemann und Kraft wie sieben Riesen. Und jetzt in diesem Moment ist alles gut.

Humor bleibt für mich ein Mittel, um mit schwierigen oder unangenehmen Situationen umzugehen. Besonders in der schlimmen Zeit mit meinem Papa war Lachen für mich wie ein Sprudelbad für meine Seele. Es löste meinen Stress und den ganzen anderen emotionalen Schmutz. Machte alles irgendwie erträglicher. Danach fühlte ich mich erfrischt und sogar ein bisschen gereinigt. Ein blöder Witz konnte unser Rettungsring sein, der ihn und mich über Wasser hielt, wenn die Wellen des Lebens uns zu überrollen drohten.

Humor kann so viel Gutes! Er bringt mich mit anderen Menschen zusammen. Wenn wir gemeinsam herzlich lachen, fühlen wir uns wie eine kleine eingeschworene Gemeinde, die der schlechten Laune und all den Problemen »da draußen« kurz Kontra gegeben hat, ohne es zu wissen. Auch wenn ich selbst mal nicht mitlachen kann, weil ich den Witz nicht lustig finde, erfreue ich mich daran, dass die anderen lachen, und finde das wiederum komisch.

Jepp, Humor fordert mich, mein Umfeld und auch meine Fans heraus. Manchmal sogar sehr, wenn ein Witz mal wieder so flach ist, dass es Aua macht und er sogar unter einer Tresortür hindurchrutschen könnte. Oder wenn er mich dazu bringt, das Leben mal von einer anderen Perspektive aus zu betrachten. Ja, das kann doch sehr erfrischend sein, zu erkennen, dass sich heute bitte niemand mehr einfach ungefragt auf irgendeinen Schoß setzen sollte, um dann sogar noch einen fahren zu lassen!

Für mich gehört dieser gnadenlose Humor zum Menschsein dazu. Ich bin dadurch fähig, trotz Schwierigkeiten Freude zu empfinden! Dagegen möchte ich mich nicht wehren. Denn wer weiß, wann wieder eine Durststrecke kommt, in der auch mir das Lachen erst einmal wieder vergehen wird.

Ich habe beim Schreiben dieses Buches so vieles noch einmal durchlebt. Habe mich wiedergefunden in vergangenen Situationen, habe mich reinversetzt in alte Zeiten und bekam gleichzeitig den Spiegel vorgehalten, in dem ich erkannte, warum ich heute bin, wie ich bin.

Ich habe alten Gedanken einen neuen Motor eingebaut. Gelebtes Leben, das nun durch dieses Buch eine neue Landschaft bekommt. Ich bedanke mich von Herzen bei euch, dass ihr es bis hierher geschafft habt, und möchte euch, weil dieses Buch nun gleich zu Ende ist, noch von einem sehr wichtigen und emotionalen Moment erzählen. Könnt ihr noch? Na los!

Damals, am 64. Geburtstag meines Vaters, gab es nicht nur die Sturmflut in Sankt Peter-Ording, sondern auch ein Geschenk. Ich hatte zwei Karten für das Konzert der Rolling Stones in Hamburg besorgt, im Stadtpark! Das hatten wir uns ja von Anfang an versprochen!

Ein Rolli-Ticket und eine Begleitperson. Mein Papa konnte das nicht glauben! Zusammen ein Konzert der Rolling Stones zu erleben, der Band, deren Musik er mir förmlich in die Wiege gelegt hatte, das war unser Ziel! Dieses Vorhaben war unser Anker und Kompass, damit wir uns nicht auf stürmischer See verloren. »Papa … wir wollen doch noch zu den Stones!«, hatte ich ihm im Koma oft leise zugeflüstert.

Ich war mit meinem ersten Kind im siebten Monat schwanger und versuchte meinen Vater durch eine gewaltige Menschenmasse zu navigieren. Ich war den Tränen der Verzweiflung nah, weil ich mit meinem dicken Bauch und dem Rolli feststeckte. Da fragte mich ein großer, älterer Typ mit Lederjacke, Stones-Shirt und Bandana auf dem Kopf: »Na? Was ist denn das Problem, Zarte?« Ich antwortete, dass ich nicht wüsste, wo der Eingang für die Rollstuhlfahrer sei. Er fragte meinen Papa nach seinem Namen, und laut und deutlich stellte sich mein Vater vor! Ich war begeistert! Noch mehr, als mein neuer Rolling-Stones-Lieblingsfan brüllte: »Ey!!! Macht mal Platz für Hartmut!« Plötzlich spaltete sich die Menge, als hätte Moses gesprochen, und der Blick auf den leeren, gut präparierten Rollstuhleingang lag frei! »Da lang, junge Frau!«, sagte der, dessen Namen ich leider nie erfuhr. Ich drückte ihn vor Freude und beeilte mich. Das alles war ja auch für mich neu. Und ein paar Minuten später standen mein Papa und ich auf einem Podest mit anderen Menschen, die auch auf einen Rollstuhl angewiesen waren. Hier fühlte mein Papa sich wahrscheinlich nicht als Außenseiter, denn alle hatten ein anderes Handicap und alle verband eine Leidenschaft: die Stones! Ich beobachtete, wie Angehörige Sauerstoffflaschen wechselten, Getränkeschläuche reichten und Wachkomapatienten zudeckten. Mein Vater und ich waren hier nicht allein mit unserem Rucksack der lebensverändernden Ereignisse.

Und dann ging es los! Wir hatten eine grandiose Sicht auf die Bühne, die in roten Flammen aufging, während der Anfang von *Sympathy for the Devil* aus den Boxentürmen schallte. Die Menschenmasse tobte! Mein Papa weinte vor Freude und griff meine Hand! Ich umarmte ihn fest und sagte: »Hab ich dir doch gesagt, Papa! Hab ich dir doch gesagt, dass wir das machen!« Mein Papa streckte seinen linken Arm zur Faust geballt nach oben und sang »Wo-hoo! »Wo-hoo!«, das fand ich stark! Ich brüllte: »Hope you guess my name!«

Später bei *Honky Tonk Women* sang er sogar mit, und bei *Satisfaction* und dem kollektiven »I can't get no!« schwebte eine ganze Einhornherde über meinem Papa und mir. Es fühlte sich an wie ein Schutzschild, an das jeder Meteorit, der hätte auf die Welt einstürzen können, abgeprallt wäre. *Wir* hatten es geschafft! Mein Vater hatte geschafft! Wir standen hier bei den Rolling Stones und hatten immer noch uns! Dieser Moment gab mir so viel Kraft für all das, was vor uns lag. Mein Kopf und mein Bauch verstanden plötzlich die Wahrheit, die allem und besonders nun diesem Buch zugrunde liegt:

Der komplexen, kräftezehrenden und schwierigen Pflege meines Vaters wohnt die offensichtliche Einfachheit inne, ihn zu lieben.

DANK

Lieber Tim Jung, wir trafen uns in deinem Büro bei Hoffmann und Campe. Ich habe erzählt wie ein Wasserfall, und du hast zugehört. Du hast gesagt: »Schreib es auf!« Das hab ich getan. Tja, und was soll ich sagen, nun halte ich diese Geschichte für immer fest in meinen Händen. Danke für dein Vertrauen!

Ein Riesendankeschön auch an Stefan Mayr und Claudia Wuttke, die mir bei der Entstehung des Buches geholfen haben.

Liebe Petra Hermanns, danke dir und deiner Literaturagentur für all die Hilfe, die da beginnt, wo noch kein einziges Wort geschrieben ist.

Liebe Claudi, Du liest John Irving, ich Tommy Jaud. Irgendwo dazwischen liegt mein Buch. Danke für deine Unterstützung, »sachlich-erzählerisch« zu sein, und diesen emotionalen, abenteuerlichen und oft auch nervenraubenden Trip durch meine Vergangenheit. Du warst immer dabei. Bei allem.

Lieber Rick J. Jordan, Christian »mein Sorje« Sorge und Alexander »Forno« Boedewig, durch euch kann ich mich musikalisch ausdrücken. Ihr behandelt meine Worte behutsam und macht sie durch euer Können und eure Leidenschaft für die Musik hörbar. Ihr macht mich zur Künstlerin. Dafür danke ich euch von ganzem Herzen!

Liebe Ruby, liebe Lio! Ihr könnt noch nicht lesen, aber bald. Ihr seid meine größten Fans und feiert alles, was mit mir zu tun hat. Ihr seid das Beste, was mir je im Leben passiert ist. Das Beste, was ich je zustande gebracht habe. So rein, so ehrlich und so herrlich laut und liebevoll. Ihr macht meinen Tag perfekt. Ich wünschte, ich wäre für immer, um nie etwas an euch zu verpassen. Danke, dass ich für euch »die tollste Mama der Welt« sein darf.

Arne, du lässt mich sein, wie ich bin. Du gibst mir Platz, wenn alles zu eng wird. Du schenkst mir Einsamkeit, wenn die kreative bunte Knete in meinem Hirn rausmuss. Du denkst zuletzt an dich. Dabei bist du doch in all dem, was hier passiert, das Wichtigste. Danke für deinen unbändigen Glauben an mich. Danke, dass du auch so gerne mit mir über schlechte Witze lachst. Danke, dass du an Papas Tabletten denkst, wenn ich es mal wieder verdattelt habe. Danke für deine Spaghetti Bolo, wenn ich kaputt vom Arbeiten zu Hause lande.

Aber vor allem: Danke, dass du selbst so ein toller Vater bist! Ich sehe an unseren Mädels, dass sie durch dich genau das Gleiche erfahren dürfen, wie ich es durfte, als ich ein kleines Mädchen war. Du bist selbst ein Papa von dieser Stärke, wie der, über den hier geschrieben wird. Ich wünsche den Mädels und mir von Herzen, dass du gesund bleibst.

Danke für dich!

Im Sommer stirbt man nicht

Deine Hände sind mein Zuhause
deine Augen sind meine Welt
die alten Lieder singe ich voller Energie
auch wenn ich weiß das
meine Heimat fällt

Denn jedes lächeln macht mich glücklich
jede Sekunde an deiner Hand
ey Papa, du und ich wir sind beide so gefährdet
hier kommen wir nicht lebend raus
ich weiß du machst das beste draus

Der Moment wenn du lächelst
holt mich ab und wieder raus
ein Moment der mir verspricht
im Sommer stirbt man nicht
im Sommer stirbt man nicht

Ich rede nur noch von den guten Dingen
setz mein schönstes Lächeln auf
lässt mich mit den Tränen ringen
aber es nützt nix keiner kommt hier lebend raus

Auch wenn es schmerzt dich so zu sehen
du bleibst mein Herz und mein Gefühl
ey Papa ohne dich könnte ich nicht gehen

hast mir gezeigt wie es geht,
auch wenn's nicht weitergeht

Der Moment wenn du lächelst
holt mich ab und wieder raus
ein Moment der mir verspricht
im Sommer stirbt man nicht
im Sommer stirbt man nicht

Schlaf ein, schlaf ruhig ein
mach's dir bequem
Schlaf ein, schlaf ruhig ein
bis wir uns wiedersehen

Der Moment wenn du lächelst
holt mich ab und wieder raus
ein Moment der mir verspricht
im Sommer stirbt man nicht
im Sommer stirbt man nicht

Im Sommer stirbt man nicht
Musik & Text: Seraphina Kalze,
Alexander Boedewig,
Rick J. Jordan, Christian Sorge
Produced by: Rick J. Jordan
& Alexander Boedewig
Mixed by: Rick J. Jordan
https://save-it.cc/fine/imsommer

Du gibst mir Kraft
Musik & Text: Seraphina Kalze,
Alexander Boedewig,
Rick J. Jordan, Christian Sorge
Gitarre: Christian Sorge
Produced & Mixed by: Rick J. Jordan
https://save-it.cc/fine/dgmkraft

Jetzt Fetzt!
Musik & Text: Seraphina Kalze,
Alexander Boedewig, Rick J. Jordan
Gitarre: Sascha Aust
Produced & mixed by: Rick J. Jordan
https://save-it.cc/fine/jetztfetzt

Mehr davon (unplugged)
Musik & Text: Seraphina Kalze,
Alexander Boedewig,
Rick J. Jordan, Christian Sorge
Produced & Mixed by: Rick J. Jordan
https://save-it.cc/fine/mehrdavon-up

Ich hab keine Angst

Musik: Evangelos Papathanassiou

Text: Thomas Woitkewitsch

Gitarre : Christian Sorge

Produced & mixed by: Rick J. Jordan

https://save-it.cc/fine/ihkangst

Eye of the tiger

Musik & Text: Frankie Sullivan & Jim Peterik

Produced, performed and mixed by: Rick J. Jordan

https://save-it.cc/fine/eottiger

Allgemeine Infos zu Seraphina Kalze